纺织服装高等教育"十二五"部委级规划教材

普通高等教育服装营销专业系列教材

服装营销案例教程

FUZHUANG YINGXIAO ANLI JIAOCHENG

主编｜万艳敏　吴海弘

东华大学出版社

图书在版编目(CIP)数据

服装营销案例教程/万艳敏,吴海弘主编.—上海:东华大学
出版社,2013.6
ISBN 978-7-5669-0264-1

Ⅰ.①服…　Ⅱ.①万…②吴…　Ⅲ.①服装—市场营销
学—案例—教材　Ⅳ.①F768.3

中国版本图书馆 CIP 数据核字(2013)第 097672 号

上 海 沙 驰 服 饰 有 限 公 司 赞 助

TO BE A BETTER MAN　止 于 至 善

责任编辑　徐建红
装帧设计　陈　澜　杨雍华

出　　　　版:东华大学出版社(上海市延安西路 1882 号,200051)
本 社 网 址:http://www.dhupress.net
天 猫 旗 舰 店:http://dhdx.tmall.com
营 销 中 心:021-62193056　62373056　62379558
印　　　　刷:苏州望电印刷有限公司
开　　　　本:787mm×1092mm　1/16　印张 15
字　　　　数:375 千字
版　　　　次:2013 年 6 月第 1 版
印　　　　次:2013 年 6 月第 1 次印刷
书　　　　号:ISBN 978-7-5669-0264-1/TS·396
定　　　　价:38.00 元

前言｜PREFACE

案例是人们所经历的富有意义的典型事件之陈述。

服装营销案例，就是服装品牌在经营过程中所经历的典型事件，对品牌自身的发展或其他品牌的发展具有积极意义，它是服装品牌营销过程的一个阶段或一类事实。

案例教学法，是一种以案例为基础的教学方法，案例本质上是提出一种教学的两难情境，没有特定的解决之道，教师在教学中扮演着设计者和激励者的角色，鼓励学生积极参与讨论。

案例教学法起源于 20 世纪 20 年代，由美国哈佛商学院所倡导，当时是采取一种很独特的案例形式的教学，那些案例都来自于商业管理的真实情境或事件，透过此种方式，鼓励与培养学生主动参与课堂讨论。案例教学法实施之后，颇具成效。

案例教学法在 20 世纪 80 年代初引入中国教育界，真正的使用是在 90 年代，而服装领域引入案例教学方法后，遇到的问题则是案例的匮乏。著名商学院的工商管理案例，因其宽泛的专业适应性，缺乏对服装品牌经营的针对性指导。因此，我们依托多年的教学积累和参与服装品牌经营的直接或间接经验，努力尝试写作适合于服装专业教师和学生使用的服装品牌营销案例，同时使本案例教程成为服装营销系列教材的一个重要组成部分。

本书遵循案例四大要素的写作原则，一是真实而复杂的情境；二是典型的事件；三是多个问题呈现；四是典型的解决方法。本案例教程的编写，案例事实客观、语言生动、图片形象，以营销过程、营销对策与营销结果三部分展开对案例的整体描述，将具有代表性的、经营过程中普遍关注的事件作为陈述的焦点，并附以营销问题、品牌概况、品牌历史等参考资料，交代其焦点产生的背景条件和原委。案例诉求、理论依据则点明了案例本身所含意义及亮点，案例分析、案例思考则让读者在关注案例结果的同时，凭借自己的理解产生新的想法与可能的解决方案。

服装营销没有标准答案，只有合适的解决之道。因此，教师和学生在使用本教材的案例时，都需要有前期的准备，学生的准备在于理论知识的积累，教师的准备在于针对学生的状况组织引导工作设计。只有这样，案例教学进行的时候，教师才能够担当起组织、引导的责任，学生才能激发起学习的主动性与积极性，完全参与到教学中来。

本案例教程的用途：一则，可以作为服装营销案例课程的指定教材；二则，可以作为服装营销相关课程的参考教材，为理论教学提供案例支持；再则，可以作为服装营销专业人员的阅读参考材料。

使用本教材时，首先，了解服装品牌的背景以及发展历程，这些内容在品牌概况与教师参考两部分中做简要介绍，以此对品牌发展过程中的竞争优势以及遇到的问题有足够清晰的判断；其次，明确案例诉求、营销问题，带着问题阅读案例全程展开的内容。

为了取得良好的案例教学效果，加深学生对营销理论知识的理解和掌握，培养学生分析问题、解决问题的能力，教师要设计教学的过程（案例引入、案例讨论与案例总结），以及讲解和讨论的重点（讨论主题、各抒己见与交流信息）；学生要在理解案例内容的基础上提出自己的见解，展开互动式的讨论，充分认识到结论是次要的，重要的是分析思维的过程；同时，教师有责任避免学生形成一些不正确的概念化认识。

本案例教程的内容覆盖了服装营销的诸多要点，包括：品牌战略、品牌定位、再定位与营销计划；营销渠道、网络营销；产品企划、供应链与价格策略；品牌传播、品牌社区；特色营销中的情感营销、服务营销、体验营销、文化营销；社会责任等。书中收集的品牌，既有国际一线品牌，也有中国本土品牌；既有历史悠久的百年老品牌，也有年轻的新创品牌。希望品牌案例的多样性可以给教学带来更加有益的帮助。

各案例教程的作者与各自承担的写作任务如下：

万艳敏：主编，负责教程的整体策划、前言、案例索引、4 个案例的撰写，以及整书的统稿与修改，具体案例为"后来居上的奢侈品品牌 TOD'S""线上线下—— 一个 FAST FASHION 的商业传奇""能'轻松拥有'的奢华品牌——COACH"和"品牌社区——消费者感知 NIKE 品牌的有效工具"；

吴海弘：副主编，沙驰男装品牌资助、案例"代理商的自营式精细管理成就沙驰营销佳绩"的写作；

鲁成：4 个案例的写作，"揭开'维多利亚的秘密'""从淘宝的集市转型淘宝的国度""PRADA 从未停止对店铺购物体验的探索"和"Dolce & Gabbana 服饰广告的'争议效应'"；

李敏：3 个案例的写作，"夏姿·陈——打造传统中国文化理念的台湾服装品牌""例外——中国服装设计师品牌的成功典范"和"网络第一服装品牌——凡客诚品"；

戴淑娇：3 个案例的写作，"李宁品牌再定位成功了吗？""依文，不仅仅是服装"和"服务成就中国的奢华品牌——白领"；

刘文俏：3 个案例的写作，"HANLOON TAILOR——高级定制品牌营销""营销策略之快速反应——ZARA 快速时尚的背后"和"美特斯·邦威——不走寻常路"；

杨以雄："快时尚品牌 Etam 产品开发流程优化"案例的写作；

顾彤宇："ecco——社会责任与企业利益的完美结合"案例的写作。

本书的撰写得到了杨澄、冯程成两位在资料整理等方面的帮助，在此深表谢意。

万艳敏

目录 | CONTENTS

ZARA 打造以品牌为核心的需求驱动协同供应链,供应链全程划分为产品组织与设计、采购与生产、产品配送、销售和反馈四个阶段,所有环节围绕着目标客户运行,整个过程不断循环和优化。

美特斯·邦威专注于品牌虚拟化经营模式,掌控核心环节——品牌与设计,打造强势品牌,实施设计制胜策略,服装生产业务外包,销售渠道拓展则直营与加盟并举,企业提升对协作群体起辐射作用的管理型企业。

1 ｜夏姿·陈——
打造传统中国文化理念的台湾服装品牌

品牌中文名称　夏姿·陈
品牌英文名称　Shiatzy Chen

品牌概况

注册年份：1978 年
注 册 地：中国台湾
经营品类：女装、男装、配件、家饰品
经营市场：中国大陆　上海 3 家；北京 2 家；大连 2 家；青岛 1 家；天津 1 家；杭州 1
　　　　　　　　　　家；深圳 1 家；成都 2 家；南宁 1 家
　　　　　　中国台湾　台北 15 家；桃园 2 家；新竹 3 家；台中 3 家；彰化 1 家；云林 1
　　　　　　　　　　家；嘉义 2 家；台南 3 家；高雄 5 家；宜兰 2 家；基隆 1 家
　　　　　　中国香港　4 家
　　　　　　中国澳门　2 家
　　　　　　法国巴黎　1 家
　　　　　　马来西亚　吉隆坡 1 家
　　　　　　瑞士　　　苏黎世 1 家；卢加诺 1 家
经营规模：旗舰店 3 家（分别在台北、上海、巴黎），全球分店（除旗舰店）有 59 家
上市与否：否
品牌官网：http://www.shiatzychen.com

市场评价：从"华夏新姿"的寓意中诞生的夏姿·陈，在中国台湾一直是知名的"夫人品
　　　　　牌"，是达官名门夫人们的"制服品牌"。法国高级时装公会中国总监赵倩
　　　　　对夏姿·陈给予了相当高的评价："夏姿·陈最有可能成为中国真正的高级时
　　　　　装品牌，我们都说它将来会是中国的爱马仕"。

2012 秋冬系列　　　　　　　　　　2012 春夏系列

夏姿·陈设计总监王陈彩霞　　　　　　　夏姿·陈中国大陆总部

台北中山旗舰店　　　　　　上海外滩旗舰店　　　　法国巴黎旗舰店
　　　　　　　　　　　　　夏姿·陈店铺

案例诉求

东方品牌走向国际的营销之道——在欧美文化占据主流的国际服装市场，东方品牌若想占据一席之地，必须要有完善的营销对策和商业模式，这样才能与欧美国际品牌竞争。

营销问题

时尚舞台上各种服装品牌林立，不同的商业模式成就了当今不同服装品牌的竞争格局，那么究竟是怎样的商业模式使得夏姿·陈在众多的东方品牌服饰之中脱颖而出，跻身国际流行品牌？

营销对策

核心战略——经营宗旨、产品/市场范围、差异化基础

战略资源——核心竞争力、战略资产、核心流程

客户界面——信息与洞察力、联系动态

价值网络——供应商/合伙人、联合

营销过程

1. 核心战略

（1）经营宗旨

夏姿·陈品牌为了晋升世界十大品牌，使东方设计在西方时尚舞台上占有一席之地，脚踏实地，妥善计划，严格而强有力的推行并坚持天然与环保、惜福与惜缘、诚信与正直的企业价值。

（2）产品/市场范围

夏姿·陈专事于设计、生产世界顶级精品女装，经营产品包括高级女装、高级男装、高级配件、高级家饰品及中式庆典用品等综合精品。巴黎、台湾、香港、澳门、深圳、天津、大连、青岛等直营店，上海外滩九号旗舰店，都是夏姿·陈品牌长期运营的重点。

（3）差异化基础

夏姿·陈早已走出纯粹的制造商品，直接跳到展示体验。穿着夏姿·陈让顾客体验到一种"审美"——融合巴黎古典味与立体剪裁打板的舒适、改良中国式服装的自在，也可体验到王陈彩霞的优质裁缝与细节研究设计精神。

2. 战略资源

（1）核心竞争力

夏姿·陈服饰融合了东方细腻的匠心独具与西方顶尖的立体裁剪技术，从服装工艺、布质的触感、光泽的呈色、纺织的纹样图腾到元素的研发和技术工

法，中西合璧、从容雅致的概念商店，都是夏姿·陈优于竞争对手的核心竞争力。

（2）战略资产

首先是夏姿·陈的品牌文化内涵和其后所蕴藏的品牌故事。"夏姿"，涵义于"华夏新姿"，它展现的是台湾人向上的精神及同时接纳中、西文化的混合文化特质，让历史的风采与时代的风貌制成恰到好处的裁剪轮廓。

其次是夏姿·陈服饰高质量、高价格的品牌定位。 夏姿·陈的服饰从布料、设计到打板、检查、配饰都极注重细节。 价格昂贵的定制产品满足了目标消费者彰显其显赫身份的心理需求，这种金钱品牌与身份认同的置换，使夏姿·陈受到金字塔尖高端人群的追捧。

除此之外，夏姿·陈还迎合国际潮流，注入当代国际时尚流行美学，应用国际流行服饰语言赋予服装新的生命力，铸造成了如今的夏姿·陈经典风格。

（3）核心流程

现在多数成衣厂已采用机器车工的作业方式，夏姿·陈却仍以中国传统元素为基础，保留中国宝贵的传统手工技艺，一直沿袭从布料、设计到打板，检查、配饰皆采用手工作业的传统，同时融入现代气息，将中国五大绣法之苏绣应用于品牌主体产品。 随着品牌知名度增加，夏姿·陈着重手工、裁剪与售后服务得以跟其他品牌竞争。

3. 客户界面

（1）信息与洞察力

夏姿·陈服饰不走浮面矫情的民俗味，取材西方的大胆、流行设计融合东方细致品味。 在营销手法上挥别银弹攻击，依靠产品创新、顾客耳语传播。 为使品牌时刻保持创新能力，国际营销人员突破语言障碍，深入研究当地的消费行为、文化素养，透过情报共享，达到营销国际化、产品当地化的策略。 在巴黎门市，夏姿·陈采取踏实且保守的作风，透过门市据点，藉由提供衣服试穿服务将品牌介绍给当地的消费者，透过消费者口耳相传的力量让品牌成长。

（2）联系动态

夏姿·陈每一季的服装发表会都是夏姿·陈与客户之间的诚挚联系。 此外，价格不菲的夏姿·陈服饰虽不打折却采取利润分享的作法，将实际利润回馈给消费者，透过会员机制区分为夏姿卡、金卡、钻石卡三种等级，除了可定期收到流行讯息，钻石卡友还能获邀参加每季别开生面的服装秀。

4. 价值网络

（1）供应商/合伙人

夏姿·陈深信"好的原料就会产生好的作品"，他们以毅力加上原创设计换取国际布料大厂的认同，获得优质厂商提供的与世界流行同步的面料。 夏姿·陈与意大利面料厂、苏州刺绣工厂等建立了长期稳定的合作关系。

（2）联合

夏姿·陈采取精品品牌经营模式，每个销售据点的设立，皆以带给消费者更为优质而新颖之购物经验为依据。 为了让整体设计呈现均质的国际形象，夏姿·陈除了在法国招揽服装技术人才之外，还在空间设计方面斥巨资与全球百大建筑大师 Jaya Ibrahim 共同合作，借助其对东方与西方元素融合的独到见解与功力，建立了具有夏姿·陈独特风格与品位的概念商店。

营销结果

① 夏姿·陈通过市场营销工作，把商品作为"道具"，服务作为"舞台"，环境作为"布景"，使顾客每一次光临夏姿·陈或穿着夏姿·陈的服饰都有美好的体验，甚至在过程结束时，体验价值仍长期逗留在脑海中。

② 夏姿·陈的核心竞争力优势令其品牌在不断的变化中成为国际服装舞台上的东方经典。

③ 结合西方轮廓与东方图纹创造出优雅中国气韵的品牌定位、深厚的文化底蕴和现代感的剪裁，夏姿·陈服饰成为台湾名贵各种重要场合的服饰选择。通过多元的服装时尚大秀，夏姿·陈将现代中国之美呈现于世界时尚舞台，是各政商名流和文艺界人士们必定参加之时尚飨宴，而夏姿·陈也俨然成为现代中国时尚潮流指标，并且受到忠实顾客一致爱戴，逐渐建立顾客对品牌价值的认同度。

④ 掌握优质原料和工艺，无形之中也累积出夏姿·陈品牌的优越性，给其

他竞争者设置了较高的进入壁垒。

理论依据

1. 经营宗旨

经营宗旨是公司战略的总体目标，本质上应反映企业的价值观念和思想水平，并表现为企业的经营方针和经营指导思想，这意味着一种方向感和用以衡量进步的标准。

（1）经营宗旨的重要性

从长期发展上看，经营宗旨表现为企业目标；从短期的阶段性看，表现为一定时期企业所欲达到的目的。它表明企业依据何种思想观念来确定企业的行为、开展企业的各项生产经营活动。在一定的历史发展阶段，企业可能在总体目标指导下有许多方面的目的和意图，如企业要为社会做贡献、要求得到自身的发展、要获得经济效益等等。这些都是在市场经济条件下企业经营宗旨的共性。因为没有经济效益，企业就不能获得发展，亦不能为社会的进步做出应有的贡献。在这种大的具有普遍意义的前提下，一个企业具体的经营宗旨该怎样确定，则具有其特定的意义。

（2）建立经营宗旨的原则

① 全面性原则：反映企业经营状况好坏不仅要看企业经济发展速度，还要看企业的经济效益，今后的发展潜力；既要考虑近期的，也要考虑远期的；既要看绝对水平，也要反映相对水平，要全面反映出经营状况。

② 综合性原则：企业生产经营信息量很大，一个企业有许许多多统计指标，要从中选择能综合反映某一方面运营状况的主要指标。

③ 可比性原则：各指标所反映的统计范围、统计口径要一致；同一指标的内容，计算方法、计量单位、价格要一致，且当有变化时要及时调整，使指标具有可比性。

④ 可操作性原则：各指标在设置时应尽量采用现有的定量统计指标，以利于统计资料的搜集、整理、汇总和对历史统计资料的分析。

⑤ 敏感性原则：必须能从某一侧面反映出企业生产经营实际情况，通过指标值的升降能够掌握企业生产经营状况。

2. 核心竞争力

核心竞争力实际上是隐含在公司核心产品或服务里面的知识和技能，或者知识和技能的集合体。

（1）战略资产

战略资产是指对企业生存和长远发展具有战略意义的资源，是企业拥有的最重要的所有权优势。

（2）特征来源

核心竞争力能够为企业提供一个进入多种产品市场的潜在途径（延展性），为顾客带来较大的最终用户价值（有用性）。公司是否有出色的业绩或者就长远来说稳定的优势，最终还要由企业的上帝——顾客来评判。一切竞争归根到底都是为更好地满足顾客的使用需求，都必须使产品具有顾客认可的实用价值，不易被竞争对手模仿（独特性）。

一般来说，企业的核心竞争力对竞争对手而言具有越高的进入壁垒，核心竞争力结构中的智能化成分所占的比重越大，企业便可凭借其核心竞争力获得越长期的竞争优势；叠加性，即两项或多项核心能力一经叠加，可能会派生出一种新的核心能力，而且这种新的核心能力往往不止是原来几项核心能力的简单相加，这类似于经济学中的范围经济和物理学中的共振所体现出来的性质。

核心业务是指能够为企业带来最大效益的、使企业在行业内占据优势的业务。在确定企业的核心业务之前，请先问自己几个问题：

① 企业是如何成长的？

② 有没有核心业务？

③ 过去的核心业务是什么？

④ 今天的核心业务是什么？

⑤ 明天的核心业务是什么？

（3）核心流程

核心流程是指从投入到产出的转换中使用的方法与惯例，是那些对公司价值创造战略起着关键作用并直接或间接与顾客的需求有关、直接为客户传递价值的流程。

3. 供应商/合伙人

供应商处于价值链上端，而向最终产品提供最终补充的是合伙人。事实上，许多供应商愿意成为合伙人。

（1）供应商的选择

选择供应商建立战略伙伴关系、控制双方关系风险和制定动态的供应商评价体系是中国采购商普遍关心的几个问题。供应商的评估与选择作为供应链正常运行的基础和前提条件，正成为企业间最热门的话题。选择供应商的标准有许多，根据时间的长短进行划分，可分为短期标准和长期标准。在确定选择供应商的标准时，一定要考虑短期标准和长期标准，把两者结合起来，才能使所选择的标准更全面，进而利用标准对供应商进行评价，最终寻找到理想的供应商。

案例分析

夏姿·陈在欧美文化占据主流的国际服装市场，主要通过四个方面的营销对策取得成功，分别是核心战略、战略资源、客户界面、价值网络。

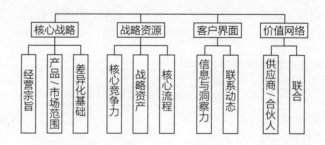

分析结果

在欧美文化占据主流的国际服装市场，中国服装想要走向国际市场，需要到生活中去捕捉时尚流行元素，拥有自己的文化特色，才能够真正具备永恒的品牌魅力。

中国服装商业模式创新，需要以中国文化为内涵创建新兴品牌，通过对品牌的高超经营和品牌创新增加附加值，带来消费终端的价值。

案例思考

夏姿·陈设计理念是将东方的文化内涵融入到国际时尚元素里，但是这样是不是也造成了设计师的局限性？

思考题

1. 夏姿·陈的战略资源有哪些？
2. 简述夏姿·陈核心战略的相关内容？
3. 夏姿·陈的店铺陈列有哪些特点？

阅读参考

品牌简介

王陈彩霞与丈夫王元宏于 1978 年携手创立了夏姿服饰。夏姿·陈拥有女装、男装、配件以及家饰品产品，是第一个进驻欧洲市场之台湾时尚品牌，可谓台湾设计品牌时尚产业的传奇与代表。

设计总监王陈彩霞生于 1951 年，台湾省彰化县人，本着对服装的热爱以及热忱务实的态度，逐步累积实力并摸索出独创之风格。由王元宏与王陈彩霞夫妇携手创立的夏姿服饰，成为台湾时尚产业的传奇与代表，诸如商业周刊、天下杂志、Cheers 等知名产业刊物，皆曾大篇幅由各种角度报导夏姿·陈的故事。近年来，王陈彩霞受邀前往韩国、新加坡及中国香港、上海等地发表新装，除了拓展时尚版图之外，更致力于公益活动。

王陈彩霞认为，东方设计若欲在西方时尚舞台占有一席之地，首要之务为突显自身品牌的特色，因此，在每一季融入中国文化的意念与元素，便成为夏姿·陈经典风格。同时她也坚信，除了坚持设计理念与创意之外，还要迎合国际潮流，注入当代时尚美学，赋予服装新的生命力，品牌精神方得以屹立长青。

如今的夏姿·陈每年都会在巴黎办秀，与来自全球的国际精品名牌并驾齐驱，为人瞩目！

品牌历史

1978 年：夏姿服饰有限公司成立于台北市，推出品牌夏姿·陈（Shiatzy Chen）专事生产女装，销售于国内市场。

正式推出男装系列。

1990 年：巴黎成立工作室。

1994 年：成立夏姿·陈服饰会员系统 ArtsClub。

1996 年：整合旗下所有服装系列为夏姿·陈品牌。

1998 年：夏姿·陈服饰成立二十周年，设计总监王陈彩霞以募集妇女肿瘤研究基金的慈善活动，作为二十周年的纪念里程，邀集十二位政商名媛仕女义演并且义卖夏姿高级订制服，获得各大媒体支持与报导，

1998 年：Vogue 九月号更以长达十四页的专题报导，为夏姿记录美丽又深具意涵的文字与影像。

王陈彩霞获法国费加洛仕女杂志专题评选为台湾九位杰出女性之一，同年亦获选为年度菁钻大章。

2000 年：应邀前往新加坡参加亚洲设计师时装展。

2001 年：夏姿·陈服饰巴黎门市正式开幕，成为第一个进驻欧洲的台湾时尚品牌。

2002 年：应邀为奥地利水晶 Swarovski 设计与发表高级订制礼服。

2003 年：夏姿·陈服饰成立二十五周年。 夏姿·陈服饰上海锦江门市开幕。 夏姿·陈台北中山旗舰店开幕。

正式推出男女家居服饰与家饰品系列。

亚洲华尔街日报（The Asian Wall Street Journal）评选夏姿·陈为值得瞩目之品牌。

2004 年：伦敦金融时报（FinancialTimes）评选夏姿·陈为 2004 热门时尚品牌之一。

香港半岛酒店门市成立。

北京太平洋百货门市成立。

2005 年：香港利园门市成立。

上海外滩旗舰店成立。

2009 年：大连新世纪名店坊于 8 月 17 日开幕。

2 | 揭开"维多利亚的秘密"

VICTORIA'S SECRET

品牌中文名称 维多利亚的秘密
品牌英文名称 Victoria's Secret，简称 VS

品牌概况

注册年份：1977 年
注 册 地：美国
经营品类：内衣、泳装、休闲女装、香水、化妆品以及相关书籍等
经营市场：店铺主要分布于美州地区
经营规模：2010 年底为止，Victoria's Secret 在全球拥有 1 049 间零售店，其中美国有
　　　　　1 016 家，加拿大有 20 家
经营业绩：2005 年销售额 1.2 亿美元，2008 年销售额 5.6 亿美元。2010 年销售额 59 亿
　　　　　美元，总收益为 8.77 亿美元
上市与否：否
品牌官网：http://www.victoriassecret.com

市场评价：性感是 Victoria's Secret 的精髓，VS 不仅是全美，更是全世界时尚内衣界的龙
　　　　　头。自品牌成立那天起，其名字就一直成为了魅力、浪漫、纵容及女式内衣
　　　　　的代名词。

品牌现任 CEO：Sharen Jester Turney

Victoria's Secret 2011 广告

012

Victoria's Secret 的纽约店铺　　　　　　Victoria's Secret 2007 年年终大秀

Victoria's Secret 的女孩们

Victoria's Secret 2011 平面广告

案例诉求

目标消费群体——针对明确的目标消费群，挖掘目标消费群体内心需求，建立品牌形象。

营销问题

著名内衣品牌 Victoria's Secret 在 20 世纪 90 年代早期，成为美国最大的内衣品牌。然而，也曾一度，尽管公司的销售额突破十亿美元大关，它的成长却呈停滞态势。

营销对策

在现有市场基础上，挖掘新的目标消费群，针对他们的心理特征有意识地加以引导，通过倡导"穿出你的线条，穿出你的魅力，带着轻松舒适的享受穿出属于你的那一道秘密的风景"，培养出一群新的富有购买力的消费者。

营销过程

1. 品牌定位

毕业于斯坦福商学院的 Roy Raymond（罗伊·雷蒙德）于 1977 年在美国加利福尼亚州旧金山市创立了 Victoria's Secret 内衣品牌。这背后有一个故事：Roy Raymond 在百货商店为妻子选购内衣时，现场没有一点私密性，售货员还不时用好奇的眼光打量他，这令生性内向的他感到非常尴尬。 他想，其他男性或女性一定也和自己有同感，于是就决定自己开一家能提供顾客舒适而又隐秘的购物氛围的内衣店。

Roy Raymond 借了八万美元，在旧金山南郊的一家购物中心内开出了第一间店，店内装修得像维多利亚时期的小姐闺房，生意火爆，第一年销售额就达50 万美元。 他很快又开出了四家店。 1982 年，Roy 将公司卖给了一家大型上市公司 The Limited。

Victoria's Secret 在建立品牌形象时，有非常明确的目标消费群——保守的中产阶级妇女，它使得任何体形任何尺码的（但不是任何收入层次的）妇女意识到，性感并非模特和明星们的专利。

2. 品牌再定位

20 世纪 90 年代早期，Victoria's Secret 开始在广告宣传与新品发布会上大量使用超级模特，一时名声大噪，成为美国最大的内衣品牌，销售额突破十亿美元。

1993 年，Grace Nichols（格蕾斯·尼克斯）取代 Howard Gross（豪沃德·格劳斯）成为公司总裁。 她致力于改进产品质量，既保持中产阶级的文雅，又展示大胆的性感，使其与高昂的标价相匹配。 同时，Grace Nichols 将 30～40 岁的年纪较长的妇女作为公司的重点目标消费群加以关注，大力宣扬这一年龄层的女士不必为穿着性感内衣而感到不自在，然而公司的广告宣传使用的还是清一色的丰腴性感的年轻模特。 公司在 Grace Nichols 的带领下，又一次进入快速增长期。

3. 让品牌定位深入产品、形象、营销的每一个细节

总裁 Grace Nichols 把 Victoria's Secret 描述成"一位生活方式的商家，即时装商是众多顾客生活的组成部分。 我们给予顾客的是：魅力、美丽、时尚及一点儿浪漫。 我们清楚什么时装最适合女性的身体和情感需求"。

Victoria's Secret 的设计队伍创造了空前的成功记录。 VS 创造性地引进了新材料、新产品生产线，Victoria's Secret 每年开发一种新的文胸款式。 如"第二层皮肤缎面"（Second Skin Satin）、用棉制品做的"性感形体服"及"完美

外形"文胸产品尤其畅销。

Victoria's Secret 每回的新品发布会俨然成了无国界的全民运动，不光是女人想看，男人更爱看，一旦惹火性感的画面同步出现在 Victoria's Secret 官方网站上，旋即造成全球性的网路大塞车。春季时装表演会每年 2 月份在纽约举行，届时超级名模们争相亮相，名单可在连锁目录里见到，世界上大约有 5 亿客户拥有此类目录。2002 年，Victoria's Secret 推出的镶嵌宝石、价值 1 000 万美元的文胸更是轰动世界。

营销结果

① 1999 年，Victoria's Secret 开创性地与电视、网络等媒体合作，推出美轮美奂的内衣秀，仅网上观众就达 1 500 万人。此后每年定期举办一场，持续维护与加强品牌的顶级性感形象。

② 2004 年，Victoria's Secret 营业额近 28 亿美元，即每分钟销售量达到惊人的 600 件，成为风靡全球的内衣品牌。Victoria's Secret 以其高贵而又妩媚、性感却又天真的风情紧紧地抓住了消费者的心，不论是男人还是女人，都将其作为购买内衣礼物的首选品牌。

③ 现在 Victoria's Secret 的产品种类包括了女士内衣、睡衣及各种配套服装、豪华短裤、香水、化妆品以及相关书籍等，是全球最著名的性感内衣品牌之一。

理论依据

1. 目标市场的确定

企业根据消费者需求及消费行为进行市场细分，根据自身的力量、特长和拥有的资源，从这些市场机会中选择若干特定目标作为营销对象，规划企业经营的领域、产品投放市场的计划及范围。

2. 目标市场确定的原则

市场细分是目标市场设定和定位的前提条件；目标市场设立后，要确定与该目标消费需求相吻合的市场营销组合；通过确立目标市场和市场营销组合，才能制定合适的市场营销战略。

3. 目标市场的选择策略

目标市场的选择策略，即关于企业为哪个或哪几个细分市场服务的决定。通常有五种模式供参考。

① 市场集中化：企业选择一个细分市场，集中力量为之服务。较小的企业一般专门填补市场的某一部分。集中营销使企业深刻了解该细分市场的需求特点，采用针对的产品、价格、渠道和促销策略，从而获得强有力的市场地位和良好的声誉。但同时隐含较大的经营风险。

② 产品专门化：企业集中生产一种产品，并向所有顾客销售这种产品。例如服装厂商向青年、中年和老年消费者销售高档服装，企业为不同的顾客提供不同种类的高档服装产品和服务，而不生产消费者需要的其他档次的服装。这样，企业在高档服装产品方面树立很高的声誉，但一旦出现其他品牌的替代品或消费者流行的偏好转移，企业将面临巨大的威胁。

③ 市场专门化：企业专门服务于某一特定顾客群，尽力满足他们的各种需求。例如企业专门为老年消费者提供各种档次的服装。企业专门为这个顾客群服务，能建立良好的声誉。但一旦这个顾客群的需求潜量和特点发生突然变化，企业要承担较大风险。

④ 有选择的专门化：企业选择几个细分市场，每一个对企业的目标和资源利用都有一定的吸引力。但各细分市场彼此之间很少或根本没有任何联系。这种策略能分散企业经营风险，即使其中某个细分市场失去了吸引力，企业还能在其他细分市场盈利。

⑤ 完全市场覆盖：企业力图用各种产品满足各种顾客群体的需求，即以所有的细分市场作为目标市场，例如服装厂商为不同年龄层次的顾客提供各种档次的服装。一般只有实力强大的大企业才能采用这种策略。

案例分析

Victoria's Secret 早期品牌定位：保守的中产阶级妇女——注重私密性——注重产品的性感效果。

Victoria's Secret 品牌的再定位：时代发展，女性更加性感大方——年青性感明星代言——高贵而又妩媚，性感却又天真的风情——视觉营销。

品牌目标消费群体与品牌表达的内在结合，挖掘目标消费者的内在需求，且未必与目标消费者的现有形象一致。

分析结果

① Grace Nichols 在将 30～40 岁年龄层的女士作为品牌的重点目标市场加以培养时，如果起用相仿年龄的模特进行广告宣传，而非年轻貌美的模特，效果会怎样？ 恐怕效果不会很理想。 处于 30～40 岁年龄层的女人，正是美人迟暮，对年龄特别敏感的时期。 相仿年龄的模特可能会提醒他们青春已逝，好景不在。 毕竟，性感年轻是每个女人内心深处的渴望，Victoria's Secret 正是抓住了女人的这种微妙心理，以极其性感撩人的广告，捕获了一个极具购买力的市场。

② Victoria's Secret 成为了性感的代名词，而其早期目标市场虽然是貌似保守的中产阶级中年女性，但正确挖掘和分析女性的深层次心理需求，并以恰当的方式和手段唤醒并刺激这种需求。

案例思考

如何挖掘目标消费群体的内在需求特别是潜在需求？ 品牌如何面对消费者的潜在需求与现实表现不同的状况？

思考题

1. 内衣市场可以从哪些角度进行细分？ 其目标客户的特点分别是怎样的？
2. 如何针对目标市场进行恰当的品牌形象建设与传播？

阅读参考

品牌简介
1. 满足男人为妻子选购内衣的贴心服务
　　1977 年，毕业于斯坦福经济学院的 Roy Raymond 觉得在大庭广众下为妻子选购内衣颇为尴尬，于是在加州旧金山创办了 Victoria's Secret，并在斯坦福购物中心开办了第一家商店。 该商店旨在为男性创造一种舒适的选购环境。 木质的墙面，充满维多利亚时代气息，还有乐于助人的导购员。 不同于架子上挂满各种码数的文胸和内裤的普通内衣店，该商店将各种款式风格、成套搭配的内衣，点缀在墙面上。 男士只需根据款式选购，然后由导购员帮忙选择合适的尺码，在后台存货中取成品即可。

2. 全面的产品目录

Victoria's Secret 在 20 世纪 80 年代迅速扩展到全美各大商城。 The Limited 公司更将经营范围拓展到鞋子、晚装、香水等其他产品，每年发行 8 次邮购目录。 20 世纪 90 年代初期，Victoria's Secret 更成为全美最大型的、销售额超过 10 亿美元的女式内衣零售商。 全美 1 000 家 Victoria's Secret 内衣店，以及 100 家独立的 Victoria's Secret 美容店，大多分布在购物中心，出售文胸、内裤、袜子、化妆品、睡衣等众多产品。 Victoria's Secret 的邮购目录每年发行 4 亿册。

3. Victoria's Secret 天使

Victoria's Secret 天使是该品牌最鲜活的模特代言人，2007 年 5 月，Victoria's Secret 天使中有很多位入选《人物》杂志年度"100 位世界最美之人"行列，各个天使均为世界最高酬金的模特。 "Victoria's Secret 天使"是首个在好莱坞星光大道留名的商标品牌。

品牌历史

1977 年: Roy Raymond 创办 Victoria's Secret，开办了第一家商店，并迅速增加邮购目录和 3 家商店。

1982 年: 经过 5 年的经营，Roy Raymond 将公司出售给 The Limited 公司。 The Limited 公司完整地保持了 Victoria's Secret 的个性化形象。 Victoria's Secret 在 80 年代迅速扩展到全美各大商城。 The Limited 公司更将经营范围拓展到鞋子、晚装、香水等其他产品，每年发行 8 次邮购目录。

1995 年: Victoria's Secret 举行了首场时装展，被全球媒体报导为"世纪内衣盛事"。

1999 年: 经过在超级橄榄球赛期间广告宣传，Victoria's Secret 公司创下广播纪录，时装展现场直播的同时在时代广场转播，吸引了 15 亿观众。
Victoria's Secret 天使在第四届年度维秘时装展首次登台亮相。 丹妮拉·帕斯托娃、蕾蒂西娅·卡斯塔、海蒂·克拉姆和泰雅·班克斯也在最初活动的天使之列。 Victoria's Secret 更成为全美最大型的、销售额超过 10 亿美元的女式内衣零售商。

2000 年: 时装展在法国戛纳举行。 在戛纳电影节期间为抗艾滋慈善机构筹集资金高达 35 亿美元。

2001 年: Victoria's Secret 时装展首次在 ABC 电视台播出。 吸引了无数观众，同时也有中级知识分子的争议。 联邦通讯局接到众多观众对节目的投诉。

2004 年: Victoria's Secret 一改年度的时装展，天使们（泰雅·班克斯、海蒂·克拉姆、吉赛尔·邦辰、安德丽娜·利玛和亚历山大·安布罗休）在全美 4 大城市：纽约、迈阿密、拉斯维加斯和洛杉矶举行天使全美巡演。

2005 年: 罗格斯大学鼓乐队更在时装展结尾客串演出。 这年也是泰雅·班克斯的最后一场 Victoria's Secret T 台演出。

2006 年：Victoria's Secret 展出了大部分价值不菲的 "梦幻文胸"。 Victoria's Secret 的子品牌红粉佳人在该年首次亮相 T 台。 时装展至此已发展成一场繁华盛事：富有精心雕琢的装饰内衣、多种多样的音乐以及各种为不同主题设计的背景。 时装展吸引了无数名人和艺人。 模特穿戴的巨型天使翅膀，以及其他不同形式、不同大小的蝴蝶、孔雀或魔鬼等翅膀，已成为 Victoria's Secret 时装的标志。 Victoria's Secret 时装展更是众多当红模特云集的盛事，在走秀的最后，均会在秀台中央同台展现身姿。

2007 年：辣妹组合回归后的首次登台在 Victoria's Secret 时装展演出，获得显着成效。 原计划参演的肯伊·威斯特由于母亲的逝世而取消了演出。 Will. i. am 乐队应邀顶替他的空缺。

5 月，Victoria's Secret 天使中的安德丽娜·利玛、海蒂·克拉姆、杜晨·科洛斯、瑟丽塔·伊班克斯、亚历山大·安布罗休、梅琳达·可儿、伊莎贝尔·格勒、卡罗莱纳·科库娃以及玛丽莎·米勒入选《人物》杂志年度 "100 位世界最美之人" 行列。

7 月 10 日，The Limited 将 75％ 的服饰产业卖给 Sun Capital Partners 公司，专注于提升 Victoria's Secret 和 Bath & Body Works 的销量。

11 月 13 日，"Victoria's Secret 天使" 商标品牌在好莱坞星光大道留名。

2008 年：除了传统的电视直播和张贴宣传海报方式之外，Victoria's Secret 公司还首次通过 YouTube 和 Facebook 两家网站推广此次发布会，并将幕后录像脚本公布在网站上，以求推动网络销售增长。

2009 年：Victoria's Secret 2009 时装秀性感上演，时装秀由超模海蒂·克拉姆主持，21 岁中国女孩刘雯的加入是 Victoria's Secret 启用的第一个亚洲模特。

2011 年：Victoria's Secret 特别为万圣节推出了 Sexy Little Fantasies 系列制服内衣，由天使超模坎蒂丝·斯瓦内普 Candice Swanepoel 演绎。

3 | 例外——
中国服装设计师品牌的成功典范

EXCEPTION
de MIXMIND

品牌中文名称 例外
品牌英文名称 EXCEPTION

品牌概况

注册年份：1996 年
注 册 地：中国
经营品类：服饰
经营市场：在中国 38 个城市开设专卖店
北京、广州、上海、烟台、苏州、武汉、重庆、唐山、南京、石家庄、合肥、福州、郑州、常州、哈尔滨、贵阳、无锡、太原、青岛、南昌、杭州、福清、长沙、厦门、温州、沈阳、宁波、昆明、大连、长春、深圳、珠海、西安、济南、乌鲁木齐、天津、南宁、成都
经营规模：国内各大城市专卖店达 90 多家
上市与否：否
品牌官网：http://www.mixmind.com.cn

市场评价：例外（EXCEPTION de MIXMIND）作为国内生存时间最长亦是最成功的设计师品牌，也是中国女装品牌从无到有、从"中国制造"到"中国设计"的缩影，它用一种非常内敛的非符号化的设计表达对中国美学的发掘和弘扬。 用设计传递民族文化是诸多设计师的理想，但将设计理念与产品、市场成功结合起来的，例外是第一个，其表现出强烈的"先锋精神"，给那些自知、独立、关爱自己内心感受的都市知识女性提供知己一般的设计。

2011/2012 秋冬系列——共生

北京 SOGO 生态店

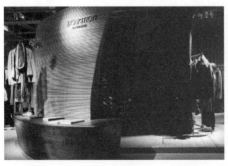

广州太古汇广场概念店"方所（fang suo commune ）"

公司董事长毛继鸿　　　　　　　艺术指导马可

案例诉求

女装品牌营销——在竞争激烈的中国女装市场，拥有个性、独树一帜、别具一格都不难，而要持之以恒，却并非易事。十多年来的例外一直是我行我素，以不变应万变，从风格到名称都一脉相承。

营销问题

国内设计师能有自己的服装品牌，并达到一定影响力，尚不多见。国内女装市场竞争日益激烈，设计师品牌也有不断增多的趋势。例外作为纯正的本土设计师品牌，是如何成为屹立不倒的"例外"？

营销对策

独特的品牌文化与另类的营销手段。

营销过程

1. 品牌名称

例外就是反。例外这个简单独特的名字和它的反转体英文"EXCEPTION"曾引起几乎所有和它初次相识的人的好奇。而对于这个英文LOGO设计理念的解释——例外就是反的，也正是例外设计风格的写照：不跟风，总是游离于大众潮流之外，却又在不断的创造着新的潮流。 在多元的发展驱使下，越来越多的人需要带有强烈设计风格和与众不同的服饰语言来表达自己的审美倾向和世界观。 而个性化的服务时代，最能表现出为消费人群和生活状态进行定位的就是设计师品牌。 中国社会的发展与世界同步，正在经历从单元到多元、从大众向个人化的转变。 在单元的社会里，人们的生活方式及生活需求都是单一而雷同的，但在个人化的社会里却不一样，人们需求多元化和个性化，设计师品牌正好顺应了这种需求，它是一种典型的个人化服务。 随着消费心理的成熟，人们不再盲目追求大牌，个性化的服装设计师品牌在市场上开始有了一席之地，大众化的感觉已经不能满足那些追求个性的人士对服装穿着的需求，作为设计师品牌的例外，无疑也能继续得到这部分人群的关爱。

2. 品牌理念

"本源、自由、纯净"是例外多年来的执着追求。 例外的艺术指导马可曾表示"我从来不认为例外是需要用通常的商业定位去划分顾客，比如说年龄、职业以及收入。 我认为例外的顾客划分是一个字——心。 能和我的心贴近的她就是我的顾客，她就能读懂、感受到我的东西。"马可的这句话将文化、品牌、营销的关系最终归结于一点：为消费者创造独特价值！ 在设计上例外并非各大流行趋势的大集合，而是经过强劲的设计团队对国际最新时尚潮流进行深入考察和分析整理后，结合都市女性的生活环境、心理需求，冠以创新、超越的设计观念，创造出简洁含蓄、舒适实用、兼具文化艺术特质及时尚品味的独特风格。

3. 绿色思想

坚持天然质朴的材料，拒绝使用化纤，这是例外的标志。 艺术指导马可也以大胆破格著称，她擅于利用对环境无害、能循环再造的物料结合传统纺织、刺绣技术，这种绿色思想以及对传统的敬重获得时装界无限的赞赏。 黑色、灰色、米色、白色、咖啡是例外的主导色，棉麻是它的主材料。 在相对单调的色彩系中创造出花样百出的时尚，因为从不赶时髦，所以永远时髦。

4. 艺术品牌

　　所谓艺术品牌，即只用于展览和收藏，传达设计思想，不用于销售。"无用"是马可在例外之后创立的艺术品牌，在 2007 年巴黎冬季时装周上首次发布。无用品牌主要是在国外的画廊、美术馆或博物馆展出。从商业角度看，制作只用于展示的艺术品牌服装有悖常理。但看似是设计师"理想主义"的举动，其实正发挥出巨大的品牌协同效应和商业价值。和无用的"血缘关系"令例外声名远播，为其打通了国际化道路。例外已经远销至法国、德国、希腊、东南亚等地。此外，艺术品牌可以强化客户对品牌风格的理解和感悟，从而提升消费者对例外品牌的认知。服装品牌成熟度的重要指标之一，即为产品风格的稳定性。而要避免风格的摇摆不定，必须要有一套稳健、成熟的设计理念及娴熟、巧妙的设计技巧，这些也就是一个成功品牌的灵魂所在。

5. 文化营销

　　传统的营销手段有三大战术：请明星代言、电视广告疯狂轰炸、终端低价大战。与服装品牌通常使用的聘请形象代言人、媒体广告和冠名赞助活动的营销策略不同，例外选择的是从文化层面上激发客户的某种思想认同或情感共鸣，即所谓文化营销。除了拥有普通的服装专卖店之外，例外还打造了双面店和生态店。"双面例外"店铺将书店与服装店相结合，一边售卖服装，一边售卖与文化、艺术、诗歌、文学和当代生活美学等相关的书籍。书店与服装店组合的"双面例外"，提供了一个让顾客在购买服装之余，思考关于外表与内涵、精神与现实生活的空间。生态店是双面店的升级版，店面的装修和陈设全部采用环保和可回收材料，通过散布其间的服装、书籍和家居饰品，与顾客形成交流与互动，以此来呈现一种生活方式和生活态度。

6. 事件营销

　　例外不找明星代言人，但并不排斥名人，而是寻求更加独特的营销方式。2001 年，例外出任朱哲琴个人演唱会"天唱人间"的服装设计与舞台形象指导，共给朱哲琴和舞者制作了 200 多套演出服，却只收了 5 万元，还不足其中一件用料 35 米服装的成本。例外更看重的是与自身风格相契合的"明星效应"。 2007 年，无用在巴黎时装周发布之后，与导演贾樟柯合作，推出电影纪录片《无用》，影片主题围绕着马可在创造服饰时所表现出的服装与人的故事展开。 这部纪录片最终获得第 64 届威尼斯电影节地平线单元的最佳纪录片奖，《无用》获奖为例外品牌带来了巨大的声誉和无形资产。

7. 精品路线

2000 年，例外正式确立设计风格之后，就以特许经营的方式在全国开设了 5 家专卖店，进入规模扩张期。 2001 年，其店铺增加到近 30 家，2004 年更一度猛增至近 100 家店。 作为设计师品牌，例外并不追求盲目扩张，加之当时世贸组织纺织品服装协议（ATC）正式实施，国际一、二线品牌给本土品牌带来了相当大的竞争压力，再加上当时国内服装品牌之间抄袭之风盛行，于是，忠于原创的例外，果断地采取外包生产环节、收缩开店数量等轻资产策略。 收缩店铺数量，提高产品价格，店面选址、营业面积、装修装潢等方面不断进行升级，着力打造符合例外风格的精品店形象，提升单店盈利能力。

8. 特许加盟模式

国内服装品牌的渠道模式通常有直营、代理和特许加盟三种。 例外采取的是特许加盟模式，除了北京、上海和广州三地加盟申请人可以直接向例外公司申请以外，在其他区域例外都是交给当地的合作代理商，由其负责审批和协调开店事宜。 与此同时，例外设定了一系列动态指标，对店铺进行考核，如单店每月销售额、每年销售额、单店每平方米所产生的效益等，在店铺达到一定指标后还会继续制定新的更高指标。 通过这一系列的考核和跟踪管理，例外对旗下店铺具有很强的控制力。

9. 培养忠实客户群

设计师品牌面对的是一个相对小众的客户群，如何保持客户的忠诚度也是设计师品牌需要面对的问题。 针对 VIP 顾客，例外设计了一系列会员活动：VIP 顾客生日当天可收到设计另类的钱包、针线包等小礼物；不定期举办会员招募活动（活动期间可以以低于平日入会门槛的消费金额入会）、不定期举行观影会；周年庆的积分返利、特别赠品回馈活动等。 例外通过这些人性化的沟通方式和对客户服务细节的把握，培养了一批忠诚的客户。客户忠诚度对设计师品牌至关重要，是提高产品附加值的重要因素。

营销结果

① 作为中国本土设计师品牌，例外创立之初并不被看好。经过 15 年的经营，至 2011 年例外店铺开了 90 家，年销售额六七亿元，毛利率高过 30%，还闯进了巴黎时装周。

② 设计师品牌大多以设计师命名，例外就是一个"例外"。中文名称和英文名称简洁而富有含义，其服装风格也体现了品牌名的意义。

③ 以生活理念来定义目标市场，而不是条条框框地用年龄、收入等表征硬性划定目标消费群体。把企业和消费者放在平等的地位上，听取消费者的反馈和需要，同时引领或启发消费者的品味和认识，这种平视的沟通是例外关注消费者的内心感受、与消费者心灵相通的体现。

④ 放弃明星代言以及狂轰乱炸的广告宣传，将服装艺术与文化营销结合，建立一种新的商业表达，攻克消费者的情感堡垒，使消费者在内心深处接受品牌的文化熏陶，无形的支持为品牌积蓄力量。

⑤ 低碳、环保已经成为一个大时尚的概念，是长期战略性的话题，而不是流行话题。例外一直强调的低物质感、自然元素，其实契合了人们一直倡导、未来将成为消费趋势的低碳、环保理念。有理由相信，例外的未来还会带给我们更多的惊喜。

理论依据

1. 品牌定位

"名字就像钩子，把品牌挂在潜在顾客心智中的产品阶梯上，在定位时代，你能做的唯一重要的营销决策就是给产品起什么名字。"定位大师阿尔·里斯和杰克·特劳特在其《定位》一书中以一句话道出了品牌名称的重要性。服装品牌名称是否合适，除了遵循品牌命名字数短而具有象征性，容易读写、记忆和发音，功能暗示，法律上许可等基本原则外，还需要重点考量的是品牌名称是否很好的拟合了品牌的定位，包括品牌目标消费者定位、品牌风格定位、产品价格定位等。 服装属于选购品，品牌的定位和形象非常重要。 在商品极其丰富的时代，只有当品牌有明确的定位和显著的风格时，才能吸引并保留其顾客群。 没有特色的品牌或是特色多变且没有延续性的品牌，即使成功也只能是昙花一现，随着时间的推移，他们必定会淹没在商品的海洋里，或是被消费者遗忘。

2. 品牌传播

陈放在《品牌学》一书中指出，品牌形象可以用量化的方法来考察，常用以度量品牌形象力的指标有两个：一是品牌知名度；二是品牌美誉度。 另外还应该包括品牌反映度、品牌注意度、品牌认知度、品牌美丽度、品牌传播度、品牌忠诚度及品牌追随度。 可见，品牌形象有助于品牌资产的累积，品牌传播植根于品牌形象，其主要目标就是积累品牌资产。 在市场环境下，建立良好的整体印象有利于市场销售和市场秩序，并在品牌传播构架中占重要地位。 作为品牌形象塑造的企业更应意识到品牌形象是以消费者为中心，充分了解他们内心的态度，满足他们独特需求和个性，保持交流与沟通，在品牌传播过程中形成互动。

品牌信息传播过程可以分为四个层次，包括品牌核心层、附加层、享受层、成就层。 这是基于消费者从品牌接触、到感觉、再到认知而定义的，这些信息大多是非数据性质的。 企业需要更注重从精神层次向消费者传达其品牌文化、理念，以文化营销策略占据消费者的心智，用生活美学与艺术哲学结合的形式为其提供精神的享受，让她们在购买时觉得不只是拥有外在的形，还能有内在心理的收获。

案例分析

例外的核心竞争力：十余年铸就的品牌文化，独树一帜的营销手段。

分析结果

① 展现并保持独特的品牌文化是赢得认同的关键。

② 契合自身风格的营销手段方能打开市场。

案例思考

思考中国时装设计师品牌的前景。

思考题

1. 例外作为设计师品牌，面对价格较之低廉的本土女装品牌以及国际大品牌的竞争，如何保持以及扩大自己的市场？

2. 例外的成功，对今后设计师品牌的崛起和发展有哪些启示？

阅读参考

品牌简介

广州市例外服饰有限公司创立于 1996 年，秉持创新的价值追求与传承东方文化，十多年来一直致力将原创精神转化为独特的服饰文化以及当代生活方式。公司旗下品牌"例外（EXCEPTION de MIXMIND）"是中国现存时间最长亦是最成功的设计师品牌。例外相信女人没有缺点只有特点，衣服是表达个人意识与品味素养的媒介。例外为当代中国女性展示一种现代的生活意识：知性而向往心灵自由；独立并且热爱生活；对艺术、文学、思潮保持开放的胸襟；从容面对自己、面对世界，懂得享受生活带给她的一切并游纫自如。凭藉其特立独行的哲学思考与美学追求，例外成功地打造了一种东方哲学式的当代生活艺术，更赢得海内外各项殊荣与无数忠诚顾客的爱戴。

品牌历史

1996 年：11 月 25 日，马可将她设计的第一季例外秋冬女装，带到一家朋友的小店里寄卖，当晚就售出了六件。从这一天开始，例外这个为知性、独立、热爱生活并向往心灵自由的女性而设计的女装品牌，就正式诞生了。

1997 年：马可参加澳洲悉尼博物馆举办的"中国服装三百年"大型展览。

1998 年：4 月，"例外 EXCEPTION de MIXMIND"品牌首次参加中国最大规模的国际性服装博览会——CHIC98，获得了"最佳设计"及"最佳品质"双金奖。

1999 年：赴巴黎参加"99 巴黎中国文化周"时装表演，是唯一受邀的中国品牌。

2001 年：应国际教科文组织与中演公司的邀请，为国际著名歌手朱哲琴"天唱人间，朱哲琴 2001"演唱会做服装与整体形象设计。

2002 年：作为国内唯一被邀请的服装品牌参加"2002 年巴黎成衣展"。设计总监马可获兄弟企业颁发的"事业成就奖"。

2003 年：作为中国纺织协会组织的"国际团"成员之一应邀参加全球最大的成衣展——德国 CPD 专业成衣博览会。

2004 年：例外荣获中国时装周组委会/中国服装设计师协会年度"中国最具时尚品牌"大奖。

在北京举办例外首次面向媒体的 05 春夏作品发布会。

设计总监马可获上海国际服装文化节颁发的"TOP10 时装设计师杰出贡献奖"。

2005 年：设计总监马可获"蓝地"北京·中国服装设计金龙奖之最佳原创奖、荣获上海国际服装文化节"时尚新锐设计师"奖；参加由国际知名建筑师张永和独立策展的"2005 首届深圳城市/建筑双年展"，参展作品："点一"；作为独立艺术家应邀参加由《周末画报》主办的"大声展"，参展作品："窗"，此次展览是由全世界近 150 名青年创意艺术工作者参加，以推动创意为主旨的艺术展。

荣获香港时尚品牌协会 2005 年度时尚服饰超级品牌奖。公司与北京服装研究所合作成立的"北服——例外传统服饰应用研究所"，成为发扬东方文化和原创精神的又一首发尝试。

7 月，董事长毛继鸿应复旦大学邀请，作为主讲嘉宾，参加"Asia Link"欧盟——中国时尚奢侈品行业管理研讨会，同年 12 月，受 ESSEC 商学院奢侈品管理 MBA 项目执行总裁邀请，参加上海一顶级品牌中国峰会，中国奢侈品品牌未来讨论模块主讲人。

2006 年：4 月，董事长毛继鸿代表中国一线品牌参加 PREMIERE VISION 上海研讨会议，作为研讨会主讲嘉宾。

4 月与 10 月，董事长毛继鸿作为中法合作委员会成员，分别在北京、巴黎参加由中国服装协会与法国高级时装公会合作项目——中法合作委员会议。

10 月，新商网年会，董事长毛继鸿担任交流会供应商嘉宾。

12 月，董事长毛继鸿受 PREMIERE VISION 邀请，成为 LE CLUB 成员。

复旦大学管理学院案例中心将例外作为第一个案例合作的品牌。例外的《点 1 》获得 2006 年度"中国最美的书"称号。

设计总监马可被《周末画报》评为"2006 全球杰出华裔时装设计师"。

2007 年：设计总监马可荣获 2007 ELLE Style Awards "亚洲最具风格时装设计师"大奖；受邀参加"2007 巴黎时装周"，发布个人品牌"无用"；其后于巴黎小皇宫 Palais Royal 的 JOYCE 画廊作静态作品展"无用之土地"。

2 月，董事长毛继鸿作为总策划师，带领旗下艺术新品牌"无用"在巴黎时装周成功发布。

4 月，毛继鸿在昆明开设了例外的全国首个复合式时尚概念店"双面例外"。把书店和服装店结合起来，探讨内在与外在、物质生活与精神生活的双重展示空间的新意。

中国服装协会主办的第四届全球纺织经济论坛在北京钓鱼台国宾馆举办开幕招待会，例外作为唯一获邀的服装品牌在会上进行开幕时装秀表演。

2008 年：设计总监马可获得第 11 届克劳斯王子基金奖（The Prince Claus Awards）。

毛继鸿和马可被香港顶级时尚文化杂志《号外》专业评选为"华人创意先锋大

奖"得者。例外生态店的设计获香港《透视》杂志"2008 PERSPECTIVE AWARDS 透视设计大赏"的"最佳零售空间奖"。

2009 年：设计总监马可被香港设计中心授予 2009 年世界杰出华人设计师荣誉。

"地球，我们家——孩子的眼睛看世界"例外 2010 年春季绿色行动召集！例外牵手广州市越秀区少年宫共同举办"地球，我们家"儿童绘画活动。

2010 年：设计总监马可荣获世界经济论坛授予"2010 年世界青年领袖"。

例外印制《HOME 拯救家园计划》，与顾客和同行一起分享地球家园的环境状况，唤起人们的环保意识，倡导一种具有人文关怀的生活方式。

例外获引领绿色生活杂志《LOHAS》评选为"2009 年度最个性服饰奖"得者。

例外与广州市盲人学校合作，推出特别设计的夏装"心生易"系列和"触爱"主题天使服。

例外邀请社会名人以及 400 多位例外人相聚宁波千年古镇：天工之城、慈爱之乡——宁波慈城，共同开启中国百年服饰文化之旅。

2011 年：马可获 2011 年福布斯全球时尚界 25 位华人上榜人物。

4 ┃ 李宁品牌再定位成功了吗?

品牌中文名称 李宁
品牌英文名称 LI－NING

品牌概况

注册年份:1989 年
注 册 地:中国/广东
经营品类:运动服、运动鞋、专业篮球产品、专业羽毛球产品、体育用品
经营市场:销售网络遍布中国 1 800 多个城市,并且在东南亚、中亚、欧洲等地区拥有多
　　　　　家销售网点,国际销售网络进入 23 个国家和地区
经营规模:截至 2010 年 6 月 30 日,李宁品牌共有 7 478 间店铺
经营业绩:自 2004 年 6 月在香港上市以来,李宁公司业绩连续 6 年保持高幅增长,2008
　　　　　年公司销售增长约 60%,2009 年同比增长 25.4%,达到 83.87 亿人民币。 近
　　　　　几年增幅减缓甚至下落,2011 年 7 月 7 日,李宁公司发出盈利预警称,根据
　　　　　订单价格,2011 年销售收入将同比下降 5%左右
上市与否:是,在香港上市,市值约 651 亿港币
品牌官网:http://www.li－ning.com.cn

市场评价:由体操王子李宁创建的李宁品牌,在创立之初即与中国奥委会携手合作,透
　　　　　过体育用品事业推动中国体育发展,并不遗余力赞助各种赛事,销量一路飙
　　　　　升,连跨台阶,成为中国体育用品行业的龙头老大,拥有中国最大的体育用
　　　　　品分销网络。 发展至今,李宁不仅是中国本土品牌影响力最大的体育运动
　　　　　品牌,也是唯一一家能与耐克、阿迪达斯等国际品牌在体育赛事上相抗衡的
　　　　　中国体育品牌,无论是在中国还是在国际体育用品市场上,都有着广泛的影
　　　　　响力。

新一代李宁弓减震跑鞋广告片

李宁限量版 MIX 轻运动鞋

2000 年悉尼奥运会"蝶鞋"领奖鞋

2004 年雅典奥运会"极光"领奖鞋

李宁

郑州旗舰店

上海旗舰店

李宁再定位 make the change 主题海报

案例诉求

品牌再定位——品牌再定位旨在摆脱困境、使品牌获得新的增长与活力，它不是对原有定位的一概否定，而是企业经过市场的磨练后，对原有品牌战略的一次扬弃。李宁品牌的发展历程呈现出阶段性发展特征，在不同的发展阶段有着不同的市场定位战略组合。

营销问题

2006—2007年，李宁公司对消费者的市场调查报告显示，李宁品牌实际消费人群与目标消费人群相比，发生偏移，且整体年龄偏大，近35～40岁的人群超过总消费人群的50%。另一方面，消费者，尤其年轻消费者，对李宁品牌的印象"积极向上"、"有潜力"、"中国特色"、"认同度"等方面得分很高，而"酷"、"时尚"、"国际感"等特质则相较国际品牌略逊一筹。此外，李宁产品的价格与国际品牌相比低20%～30%，与国产品牌相比则高35%～40%，堪称"腹背受敌，活得很累"。在这样的市场形势下，李宁该如何重新定位？

营销对策

2010年6月30日，李宁有限公司高调宣布品牌重塑战略，发布全新的标识和口号，并对品牌DNA、目标人群、产品定位等做了相应调整，打造"90后李宁"。将"Anything is possible"即"一切皆有可能"改为"Make the Change"

即"让改变发生"。

营销过程

早在这次品牌重塑之前，李宁从创立至今经历了创立阶段（1990—1992年）、高速发展阶段（1993—1995年）、经营调整阶段（1996—1998年）、二次发展阶段（1999—2001年）、品牌重塑阶段（2002—2003年）、专业化发展阶段（2004—2009年）、品牌二次重塑阶段（2010年—至今）。在不同的发展阶段，李宁对品牌定位进行不断的探索，本案例从定位视角切入，把李宁的发展分成四个品牌定位阶段，后三次都是品牌再定位的过程。李宁这次的品牌重塑即是李宁的第三次品牌再定位，何来第三次品牌再定位，第三次品牌再定位是否成功，这与前面的几次定位是密不可分的。

1. 第一阶段：全运动品牌定位阶段（1990—1995年）

在全运动品牌定位阶段，李宁的目标顾客集中在二、三线市场的大众消费者和从事体育运动的团体消费者，团体消费者多为政府行为。李宁第一阶段目标顾客定位，原因有三：

第一、20世纪90年代，高档专业体育用品市场有限，体育用品的主力为大众消费者；

第二、大众消费者更倾向于把运动和休闲联系在一起；

第三、李宁与专业运动员和政府关系良好，赞助体育赛事，开拓团体消费市场。该阶段李宁品牌产品定位为"具有运动感觉的休闲产品"，开发带有运动感觉的休闲服装，让普通消费者都能购买李宁的产品，不让李宁品牌成为地位和身份的象征，强调产品的普遍性和大众化，产品线从运动服、运动鞋发展到服装、鞋业、领带、皮具和运动器材等，形成了庞大的体育运动产品系列，故称此阶段为"全运动品牌定位阶段"，此阶段李宁品牌向消费者传递并留下了运动的、民族的、荣誉的品牌印象。这五年，李宁顺风顺水，风光无限，每年保持100%以上的销售增长率，市场份额逐年攀升。

2. 第二阶段：品牌调整发展阶段（品牌一次再定位，1996—2001年）

1996年成为李宁公司的分水岭，销售业绩突然黯淡，销售增长速度大幅放缓，甚至出现负增长，市场份额也一路下滑。 而同期的中国体育用品市场保持了旺盛的需求，李宁的竞争对手也都表现出稳健快速的增长，尤其是阿迪达斯和耐克，在中国市场的增长率高达 30%，且本土运动品牌如安踏、康威等涌现成长。 原来，随着中国经济的快速发展，人民生活水平提高，人们的消费习惯发生变化，消费者不仅把运动和休闲区分，也更崇尚个性、时尚，与李宁之前的大众化定位发生偏差。 基于此，李宁把品牌定位调整为"时尚、个性、运动"，目标顾客定位在 14～28 岁之间追求个性时尚的年轻一代。 李宁还聘请了国际设计大师开发设计个性时尚的运动服饰，并举办系列品牌推广活动，向消费者传递李宁新阶段、时尚个性的新定位。 而事实上，李宁品牌的核心消费群却是 25～35 岁居住在二线城市的中低收入人群，核心顾客对李宁品牌的认知与李宁本人相联系，即运动、民族、亲和、荣誉。 李宁的实际消费者和目标消费者发生偏差，消费者对李宁品牌的认知和李宁想要传达的品牌形象也发生偏差，成了这个阶段最大的问题。 然而，该阶段的销售业绩也不理想，事实证明李宁品牌的一次再定位并没有取得成功，这迫使李宁进行品牌的二次再定位。

3. 第三阶段：品牌重塑专业发展阶段（品牌二次再定位，2002—2009 年）

2001 年 4 月，李宁品牌请盖洛普公司做了一次全面的消费者调查，调查结果显示，李宁品牌存在四个主要问题：目标消费者不清晰；品牌面临被遗忘的危险；品牌的个性不鲜明；产品线不断扩张，很难搞清楚李宁的"旗舰产品"是什么。 据此，李宁组建了相关营销部门负责品牌重塑，并在 2002 年聘请 IBM 为公司做战略咨询，确立了专业化发展的战略，因此李宁品牌进入了"品牌重塑专业发展阶段"。 在该阶段，李宁将市场定位为：在以价格划分的中端细分市场上"通吃"，立足中档市场，逐渐向中高档市场延伸，慢慢退出低价市场，即李宁的目标市场分为三大类：

第一、中端目标市场，目标顾客为 24～35 岁具有中等收入和消费能力，生活在二三线城市的消费者。 针对中端市场，李宁定位于价格适中、亲和的带休闲感的运动装备，以及时尚、健康、有活力的国际化品牌；

第二、低端目标市场，目标顾客为 14～25 岁追求时尚的年轻消费者，针对低端市场，李宁力争成为体育运动行业的领军者，引领体育时尚潮流，不断带来创新的运动时尚、快感和自信；

第三、高端目标市场，目标顾客为中高阶层的年轻人士和青少年，具有较强的消费水平，力图打造专业、高科技的品牌形象，成为专业体育运动品牌。

同时，李宁公司积极倡导"运动文化"，推广"一切皆有可能"的品牌广告语，将"一切皆有可能"的体育精神、品牌文化理念传递给消费者。在此阶段，李宁针对不同的细分目标市场，实施不同的定位战略，为李宁公司2004—2009年连续六年的销售业绩高速增长做出了贡献，但李宁的品牌定位和消费者对品牌的感知、认知仍然存在偏差。并且，李宁品牌在与国际、国内品牌的竞争中留下了"腹背受敌"的竞争隐患。

4. 第四阶段：品牌重塑国际化发展阶段（品牌三次再定位，2010年—至今）

2006—2007年，李宁的消费者市场调查报告显示，李宁品牌实际消费人群与目标消费人群发生比较严重的偏离，近35～40岁的消费人群超过总消费人群的50%，这显示了李宁产品的"老化"。消费者，尤其是年轻消费者，对李宁品牌的认知印象与李宁品牌定位不符。

2010年6月30日，李宁品牌高调宣布品牌重塑战略，全新的标识和口号"Make the Change"即"让改变发生"，调整的品牌DNA、目标人群与产品定位，打造"90后李宁"。李宁希望借此摆脱一直以来与耐克标识类似、与阿迪达斯口号雷同的嫌疑，更重要的是，它希望在新一代消费者中重塑自己的品牌形象，并向国际化方向发展。

李宁的新定位引起了舆论批判和质疑，继而发生的业绩下滑、股价下跌、核心管理人员离职更让人对李宁的品牌重塑战略能否成功而心存疑虑。投资机构高盛分析表示，疲软的增长彰显出李宁公司面临着品牌定位、渠道两大矛盾：

第一矛盾：既想笼络80、90后这一主力的成长型市场，又想保有原有的主力消费群体，即年龄在35～40岁之间，对于"体操王子"李宁本人还存在着仰慕和崇拜的中年群体，而这个印记对于当今的90后影响甚微。

第二矛盾：既想走高端路线，让品牌和价格上移，逐步完成其国际化目标，十年间将品牌打造成为世界体育品牌前5名和中国体育品牌第一名，又无法摆脱中国体育市场自然增长这一地心引力，抛弃对于品牌发展贡献更大的中低端市场。其实，进军90后这一成长性市场的战略是十分准确的，但以此忽视70、80后的感受，定位90后的做法就有些欠缺考虑。世界"定位之父"

艾·里斯曾撰文表示:"对李宁来说,更好的战略是拥有两个品牌:一个高端,一个低端。高端品牌可以在全球市场上与耐克和阿迪达斯竞争,低端品牌可以在中国市场上与本土其他品牌竞争。"正如阿迪开设的独立的"三叶草"系列的店铺,李宁也可以专门针对"90后"开发系列产品,甚至独立店铺,或者"90后"李宁的副牌。另外,国内一线城市增长乏力,国际、国内品牌纷纷下沉二、三线城市,在此市场环境下,李宁应当先强化、巩固二三线市场的领先地位,在城镇化推进的新兴市场占据有利位置,同时再抽出部分资源在耐克、阿迪等不太强势的国家和新兴市场进行海外扩张。

总的来说,李宁品牌的这次再定位进军90后成长性市场的战略是准确的,但是做法上有所欠缺,国际化发展路线也是无可非议,但是必须先站稳原有市场,业绩事实也证明李宁品牌的这次品牌重塑战略并没有取得成功,因此,李宁品牌在品牌定位重塑上还需要继续摸索和调整。

营销结果

① 经过二十多年的探索,李宁已逐步成为代表中国的、国际领先的运动品牌公司。李宁公司采取多品牌业务发展策略,除自有核心李宁品牌(LI-NING),还拥有乐途品牌(LOTTO)、艾高品牌(AIGLE)、新动品牌(Z-DO)。此外,李宁公司控股上海红双喜,全资收购凯胜体育。

② 李宁从最初单一的运动服装生产,已发展到现在拥有运动服装、运动鞋、运动器材等多个产品系列的专业化体育用品有限公司,且于2004年6月在香港成功上市。

③ 李宁公司创立的前五年顺风顺水,风光无限,每年保持100%以上的销售增长率,市场份额逐年攀升。

④ 1996—2001年进入品牌调整发展阶段,李宁的销售业绩在整个体育用品市场发展蓬勃之时却增幅大大减缓,甚至出现下滑。

⑤ 在2002年品牌重塑并确定专业化方向发展,且于2004年上市以来,李宁公司业绩连续6年保持高幅增长,2008年公司销售增长约60%,2009年更是达到83.87亿人民币,同比增长25.4%。

⑥ 李宁2009年后的销售增幅再度减缓甚至下落,通过2010年品牌再度重塑即第三次品牌再定位后,销售业绩仍然没有起色,在12月20日和21日这两

个交易日里，李宁的股价大幅下跌，累计跌幅达 21.88%，市值蒸发 48.96 亿元。与此同时，各大券商纷纷将李宁的投资评级由原来的"持有"降至"沽售"。2011 年 7 月 7 日，李宁公司发出盈利预警称，根据订单价格，2011 年销售收入将同比下降 5% 左右。

理论依据

1. 再定位理论

再定位又称重新定位。再定位是应对如今 3C 时代——"竞争"（Competition）、"变化"（Change）、"危机"（Crisis）的战略营销之道。定位是如何在潜在顾客的心智中实现差异化，从而获得认知优势。再定位是如何调整心智中的认知，这些认知可以是关于企业自身的，也可以是关于竞争对手的。再定位的关键在于为自己建立起正面定位。再定位是调整人们的认知，不是改变人们的认知，这一点至关重要。与人们的心智相匹配是有效重新定位的关键，重新调整认知需要时间和耐心。再定位可参考的四条简单法则：

① 确定你在公众心目中的已有认知。花点钱做调研，或者是自己出去走走，跟顾客和潜在顾客谈谈。

② 采用一个你想拥有的重新定位战略。以一个具体的概念从公关和广告上起步。确保这一想法不是普通的概念，如改善形象。避免这样的特性，如活力、现代、进步，这些与重新定位无关，它们仅仅是风格问题。

③ 确保每一个人关注重新定位战略，包括管理层、广告公司、还有公关部的每个成员等。坚持一个战略，并通过所有媒体和公关渗透加强。

④ 时不时地对你的公关、广告、营销工作和整体市场定位进行评估。

案例分析

李宁品牌自创立至今呈现出阶段性发展特征，在不同的发展阶段根据不同的营销环境和营销问题而进行相应的品牌再定位战略。李宁品牌的发展史是一部中国体育用品的变革史和探索史，李宁对品牌定位的探索贯穿着李宁品牌的整个发展过程。

分析结果

① 品牌定位必须以目标顾客的需求特性为依据,并且建立在对目标顾客充分了解的基础上。 当品牌的实际顾客与目标消费者发生偏差时,需及时进行市场调研并进行品牌再定位。

② 品牌不可能在所有的营销组合要素上都优于竞争对手,因此必须根据营销环境、竞争对手情况有针对性地打造并维持品牌的相对竞争优势。

案例思考

品牌发展过程中,在不同的营销环境和营销问题下,如何通过品牌再定位而立足于市场?

思考题

1. 李宁品牌可否跨过前两次再定位而直接进入到第三次再定位?

2. 品牌再定位是有特定的市场原因的,你认为在哪些原因下必须进行品牌再定位?

3. 李宁品牌的三次再定位历程能给其他的品牌再定位提供什么借鉴参考?

阅读参考

品牌简介

① 李宁公司成立于 1990 年,经过二十年的探索,已逐步成为代表中国的、国际领先的运动品牌公司。 公司销售业绩几经沉浮,但仍稳坐中国体育用品行业第一把交椅。 李宁公司的销售网络遍布中国大地,截至 2010 年 6 月底,李宁公司店铺总数达到 7 478 间,遍布中国 1 800 多个城市,并且在东南亚、中亚、欧洲等地区拥有多家销售网点。

② 李宁公司成立之初即非常重视原创设计。 1998 年建立了中国第一家鞋服产品设计开发中心,率先成为自主开发的中国体育用品公司。 2004 年 8 月,香港设计研发中心

成立，集中负责设计李宁品牌服装产品。2008年1月李宁集团美国设计中心在美国俄勒冈州波特兰市投入运营，专注于鞋类产品的高端技术研发、人体工学科研和专业运动鞋的设计、开发、测试工作。

③ 李宁公司长期致力于体育事业的发展，曾先后与NBA、ATP（Association Tennis Professional）等国际顶级赛事和组织结为战略伙伴。与奥尼尔、柳比西奇、伊辛巴耶娃、托希尔德森等国际顶级运动员合作，与西班牙奥委会、西班牙篮协、瑞典奥委会、阿根廷篮协合作，这些都强有力地表明李宁品牌的专业实力得到国际顶尖体育团队和个人的认可。更值得一提的是，从1992年巴塞罗那奥运会开始，李宁公司伴随中国奥运军团一路走来，长期支持中国体操、跳水、射击、乒乓球、羽毛球等五支"金牌梦之队"。

④ 作为国内体育用品行业的领跑者，李宁公司自身发展壮大的同时，更积极承担企业公民的社会责任，资助希望小学、援建灾区、关爱艾滋孤儿，并且长期支持旨在提高贫困地区体育教育事业的"一起运动"公益培训项目，利用自身体育资源优势为共建和谐社会出力。

品牌历史

1989年：4月，正式注册"李宁牌"商标。

1990年：5月，李宁公司在广东三水起步，从事"李宁牌"运动服装的生产经营。

8月，李宁运动服被选为第十一届亚运会圣火传递指定服装、中国国家代表队参加亚运会领奖服及中外记者的指定服装，"李宁牌"伴随亚运圣火传遍全国。

1991年：李宁公司开始全面经营李宁牌运动服装、运动鞋。

1992年：李宁牌装备被选为第二十五届巴塞罗那奥运会中国代表团指定领奖服装、领奖鞋，结束了中国运动员在奥运会上使用外国体育用品的历史。

1993年：李宁公司迁址北京；李宁公司率先在全国建立特许专卖营销体系。

1995年：李宁公司参加天津"中国体育用品博览会"，订货量占总成交额的一半，成为中国体育用品行业的领跑者。

1996年：李宁公司赞助中国体育代表团参加二十六届亚特兰大奥运会。

1997年：李宁公司在佛山建成了李宁体操学校，这是第一家由企业投资建成的体操培训机构；李宁公司在全国建立起自营分销网络。

1998年：北京李宁体育用品有限公司成立。

3月，李宁公司率先在广东佛山建成中国第一个运动服装与鞋的设计开发中心。

8月，中国遭遇百年不遇的洪水灾害，李宁公司向江西、安徽、湖南、湖北、东北等地赈灾600万元人民币。

1999年：李宁公司与SAP公司合作，引进AFS服装与鞋业解决方案，成为中国第一家实施ERP的体育用品企业。

2000年：李宁公司赞助中国体育代表团参加第二十七届悉尼奥运会，"龙服"、"蝶鞋"被各国记者评为"最佳领奖装备"。

2001年：李宁公司与意大利及法国著名设计师签约，产品设计走上专业化和国际化的道路。

2002年：李宁公司确立全新品牌定位：李宁，一切皆有可能。

2003 年：11 月，E－POS 项目正式启动，标志着李宁公司开始全面启动渠道管理信息系统。

2004 年：2 月，第一款李宁牌专业足球鞋"Tie"问世。

6 月 28 日，李宁有限公司在香港联交主板成功上市（股票编号：2331 ），这是第一家内地体育用品公司在香港上市。

8 月，李宁公司第四次赞助中国奥运代表团，"锦绣中华"领奖服和"极光"领奖鞋在雅典交相辉映。

9 月，第一款李宁牌专业篮球鞋 Free jumper 问世。

11 月，香港设计研发中心"李宁体育科技发展（香港）有限公司"成立，集中负责设计李宁牌服装产品。

2005 年：1 月，李宁公司与 NBA 签约，成为 NBA 官方市场合作伙伴。

4 月，李宁公司与施华洛世奇公司达成战略合作。

2006 年：3 月，李宁 001 限量珍藏版上市。这是中国体育品牌第一次发售限量版运动鞋。

4 月，李宁公司与国际男子职业网球选手联合会 ATP 在北京正式宣布建立中国官方市场合作伙伴关系。

8 月 14 日，李宁品牌联手 NBA 五十大巨星之一奥尼尔先生，双方合作共同推出"李宁"SHAQ 系列专业篮球产品线，共同开拓中国篮球市场。

9 月 5 日，李宁公司推出鞋产品的专业科技平台——"李宁弓"减震科技。"李宁弓"是国内第一个运动鞋的研发科技平台，标志着李宁公司的运动鞋科技研发能力跻身世界领先行列。

2007 年：1 月，李宁公司携手雅典奥运会男篮冠军——阿根廷男篮，成为第一个同时拥有两家世界冠军篮球队的中国品牌。

3 月，李宁公司签约瑞典奥委会。这是第一支外国奥运代表团签约中国品牌。

6 月，李宁公司签约西班牙奥委会。李宁公司正式成为西班牙奥委会官方合作伙伴。

2008 年：8 月，李宁先生在举世瞩目的 2008 北京奥运会开幕式上点燃主火炬，凌空绕场一周的飞天表演震撼世界，在奥运开幕式的历史上留下浓重的一笔。

2009 年：3 月，俄罗斯撑杆跳女王伊辛巴耶娃与李宁签约，携手李宁公司一起继续挑战全新高度。

4 月，李宁签约中国国家羽毛球队，同时李宁为国家羽毛球队量身定制的羽球装备正式发布，标志着李宁全面进入羽毛球领域。至此李宁已与中国乒乓球队、中国体操队、中国射击队、中国跳水队五支金牌梦之队签约。

2010 年：6 月 30 日，宣布品牌重塑战略，发布全新标识和口号，并对品牌 DNA、目标人群、产品定位等做了相应调整，打造"90 后李宁"。李宁公司新口号为"Make The Change"，品牌新标识则抽象了李宁原创的"李宁交叉"动作。

5 | 后来居上的奢侈品品牌 TOD'S

品牌中文名称 托德斯
品牌英文名称 TOD'S

品牌概况

注册年份：1986 年

注 册 地：意大利

经营品类：皮具（鞋、包）

经营市场：在欧洲、美洲、亚洲和中东地区的 33 个国家和地区开设精品店

欧洲（13 ） 比利时、法国、德国、希腊、荷兰、意大利、卢森堡、葡萄牙、俄罗斯、西班牙、瑞士、英国

美洲（1） 美国

亚洲和中东（19 ） 巴林、中国、关岛、印度、印度尼西亚、日本、科威特、黎巴嫩、中国澳门、马来西亚、菲律宾、卡塔尔、沙特阿拉伯、新加坡、韩国、中国台湾、泰国、阿联酋、土耳其

经营规模：到 2010 年 12 月 31 日止，店铺总数为 230 家，其中包括 159 间自营店，比 2009 年增加 10 家，另外还有 71 间特许经营店。

经营业绩：2010 年 5.457 7 亿美元的销售业绩，与 2009 年相比增长 16.7%

上市与否：2000 年在意大利上市，市值约 117 亿欧元（2011 年）

品牌官网：http：//www.tods.com

市场评价：TOD'S（托德斯）是意大利品牌，世界十大奢侈品牌之一，以生产皮鞋和皮包为主，被称之为世界上最实用最完美的皮具，许多世界巨星名媛都是他的忠实拥护者。

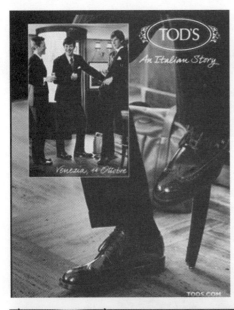 

2011/2012 秋冬广告

位于 Brancadoro 的工厂总部　　　　　　手工精致制作

标志性的"豆豆鞋"

上海世博会纪念版 D‐BAG

TOD'S 集团主席及执行官 Diego Della Valle

亚太地区规模最大的精品店
——香港中环置地广场旗舰店

日本东京表参道精品店

案例诉求

品牌定位——品牌定位确定后，营销计划将保证品牌战略的实现。

TOD'S 品牌在分析面临的主要机会与威胁、优势与劣势的基础上，制定品牌的市场营销目标、市场营销战略、市场营销措施等，形成统一的营销行为纲领。

营销问题

在奢侈品王国里，传统是最让品牌们骄傲的东西。Hermès、Louis Vuitton、Chanel 在其市场推广和品牌活动中，无不全力传递同一个信息：我们是历史，我们是传奇。TOD'S 在一群"百岁老人"的环伺下呱呱坠地，似乎并无遗产、传统可言，该怎么办？

营销对策

TOD'S 品牌的成功点在于：好的品牌名，合适的代言人，满足需求的产品系列，有效的品牌宣传与准确的功能定位。

营销过程

1. 第一步是取个好名字

TOD'S 诞生于 1986 年，正值意大利人痴迷英国文化之时，TOD'S 在英语中意为"机灵的、狐狸的"，一个如此俏皮的英国名字，正中意大利人下怀。

2. 其次要找个好的代言人

对奢侈品与时尚产品而言，选择代言人不仅意味着选择一张美丽或者英俊的脸，更重要的是选择那张脸所能代表的生活方式、生活态度。当 Della Valle 在 Class 杂志上浏览好莱坞明星剧照时，突发灵感，TOD'S 从此与奥黛丽·赫本这个名字结下了不解之缘。Della Valle 的推广方式简单而有效：在每一张奥黛丽·赫本的照片上，为她穿上一双 TOD'S 鞋。"我希望用一种与现代生活无关的方式来为产品说话，所以我选择了经典的、举世公认为优雅而有品位的人——奥黛丽·赫本。这个广告一直流行至今。"

3. 产品定位

在 TOD'S 的产品系列中，大约有半数为经典款式，三成是带有时尚元素却以经典款式为基础的产品，还有两成则是时尚元素的最新体现。这样的产品定位能满足不同消费者的需求，同时减少了因时尚潮流变化引发的产品风险。

4. 名人的品牌传播效应

上世纪 80 年代，品牌创立者 Della Valle 成功说服菲亚特的掌门人 Gianni Agnelli 穿上了他新创的皮鞋，TOD'S 由此打开市场，希拉里·克林顿、戴安娜王妃也都成了它的客户。Della Valle 自豪地说，对于品牌宣传，TOD'S 经常有些"新花样"。每当有新品推出，Della Valle 都会先进行市场测试，他会把新产品送给一些被誉是 style of icons 的名人——比如摩纳哥公主卡洛琳试穿，看她们是否喜欢，同时也进行了很好的免费宣传。

5. 功能是最好的 LOGO

TOD'S 不是一个强调品牌 LOGO 的公司，这一点也让 DellaValle 引以为豪。同样，TOD'S 也不在乎品牌设计中存在的名师效应。豆豆鞋、D－BAG 才是 TOD'S 最具功能性的产品。

营销结果

① TOD'S 集团是意大利最著名的皮具生产商之一，旗下拥有 TOD'S（鞋和皮具）、Hogan（鞋）、Fay（服饰）三个品牌，其最主要的业务及利润来源是 TOD'S。比起 Louis Vuitton 这样的百年老品牌，TOD'S 显得相当年轻，然而这并不妨碍它成为全球奢侈品行业最受瞩目的骄子之一。

② 对于新创的时尚和奢侈品牌来说，准确找到自己的定位是成功的首要条件。所谓定位，最直接的说法是划分市场空间。TOD'S 既不是时尚潮流的领

导者，也不是传统经典的秉承者，而是以经典风格为基础，兼有时尚元素，重在品质和功能。

③ 正所谓"一招鲜，吃遍天"，当低调奢华成为市场主流的时侯，TOD'S 凭借非 LOGO 的功能性产品这招打遍欧洲市场，成为广大中产人士的最爱。

④ 对 TOD'S 来说，不强调 LOGO 的另一个好处是能有效防止假冒。

⑤ 在亚洲市场，奢侈品的消费者偏好炫耀性消费，Louis Vuitton 才会在亚洲享受顶礼膜拜。曾有人怀疑：在这里 TOD'S 能否风光依旧？结果市场做出了肯定性的回答。

⑥ 从 2000 年上市至 2005 年，TOD'S 的年营业额翻了两番；2010 年营业额达到 5.457 7 亿美元，与 2009 年相比增长 16.7%；2011 年上半年的销售额达 3.363 亿美金，在 3~6 月这三个月中就攀升了 25.6%。而品牌鞋类产品的销售占全部销售额的四分之三，同期也上升了 15.3%。香港、欧洲等区域的销售额大幅度上升，基于这种良好的表现，公司预备增开更多新店面，计划加开 15 家店面，而亚洲是主要的扩张市场。

理论依据

1. 定位理论

定位是对产品在未来潜在顾客的脑海里确定一个合理的位置。定位的基本原则不是去创造某种新奇的或与众不同的东西，而是去操纵人们心中原本的想法，去打开联想之结。定位的真谛就是"攻心为上"，消费者的心灵才是营销的终级战场。消费者有五大思考模式：消费者只能接收有限的信息；消费者喜欢简单，讨厌复杂；消费者缺乏安全感；消费者对品牌的印象不会轻易改变；消费者的想法容易失去焦点。掌握这些特点有利于以帮助企业占领消费者心目中的位置。

2. 营销计划

在对企业市场营销环境进行调研分析的基础上，制定企业及各业务单位的营销目标以及实现这一目标所应采取的策略、措施和步骤的明确规定和详细说明。营销计划是企业的战术计划，营销战略对企业而言是"做正确的事"，而营销计划则是"正确地做事"。 在企业的实际经营过程中，营销计划往往碰到无法有效执行的情况，一种情况是营销战略不正确，营销计划只能是"雪上加霜"，加速企业的衰败；另一种情况则是营销计划无法贯彻落实，不能将营销战略转化为有效的战术。 营销计划充分发挥作用的基础是正确的战略，一个完美的战略可以不必依靠完美的战术，而从另一个角度看，营销计划的正确执行可以创造完美的战术，而完美的战术则可以弥补战略的欠缺，还能在一定程度上转化为战略。

企业发展战略反映着企业的发展分析和宏观目标，但它仅是一个方向和目标，如果没有营销计划予以具体落实，则势必成为空中楼阁；反之，企业的营销计划，如果没贯彻、落实企业发展战略的意图，而自行其是，亦是要碰壁的，这不但可能导致营销计划的"南辕北辙"或运行中的政令不一，而且脱离了企业发展战略的营销计划，势必是无根浮萍，既缺乏根据，又可能丧失了方向感和目的性，从而，带有很大的盲目性、随意性，无法适应市场经济的发展要求。

案例分析

TOD'S 品牌定位清晰明确：奢华时尚——精致舒适——经典优雅——卓越品质。

TOD'S 营销计划精准有效：优雅命名——手工精制——明星代言——功能产品。

品牌定位与营销计划两者相得益彰，成就奢华品牌发展后来居上的传奇故事。

分析结果

① 无论在奢侈品品牌领域还是在其他领域，后来居上者必定有其独特的优势。

② 营销计划的精准定位是品牌战略定位得以实现的根本保障。

案例思考

营销计划的制定与实施如何在品牌战略定位之下顺势而为？

思考题

1. 如果 TOD'S 遵循传统的奢侈品品牌发展规律，慢慢地积累，那么，我们领略 TOD'S 品牌风采的时间是否将在遥远的将来？

2. 品牌在市场上的快速提升是可以有方法的，你认为方法有哪些？

3. 新创品牌在强手如林的市场上参与竞争可以借鉴 TOD'S 后来居上的营销经验是什么？

阅读参考

品牌简介

1. 极致奢华的意大利风情

作为奢华时尚领域永恒的流行标志，TOD'S 不仅象征着意大利工艺传统的精粹，更凭借其独树一帜的迷人魅力，成为引领潮流风尚的经典品牌。 TOD'S 代表着低调、安逸的生活态度以及别具一格的时尚理念。 优雅生活是一门艺术，而这正是 TOD'S 追求的目标：舒适与优雅的精致。

2. 标志性鞋履

Della Valle 先生推出了 TOD'S 品牌经典鞋履，奢华品质的"豆豆鞋"系列软底鞋，鞋底带有标志性的 133 颗橡胶圆粒，因此俗称"豆豆鞋"，堪称是其制鞋理念的完美标志：手工制作的完美鞋履，适合各种场合。 1997 年，Diego Della Valle 将其时尚王国拓展至包袋领域，打造出的包袋系列同样蕴含着 TOD'S 的品牌精髓：品质卓越、设计精巧。

3. 手工制作

TOD'S 的每款产品皆是精湛制作工艺的完美结晶。 从皮革切割到不同部分的手工缝制，精益求精的每道工序共同打造出经久耐用、品质卓越的皮革产品，百分之百意大利制造。 TOD'S 的专业皮革知识早已与现代奢华品味的真正理念融为一体。

4. 精品店

从位于意大利中部的总部到世界范围内的各精品店，TOD'S 在纽约、东京、米兰、洛杉矶、伦敦和迪拜都设有精品店铺，并将继续在世界范围内开设新店。

5. 产品发布

TOD'S 作品系列的发布会以其独特理念而闻名，从打造激动人心的梦幻场景到携手天才艺术家 Dante Ferretti 和 Michael Roberts，TOD'S 的每一次亮相都展现出创意非凡的摄人魅力。

品牌历史

1986 年：Deigo Della Valle 创立了 TOD'S 品牌，品牌发源地为意大利马尔凯。

1998 年：3 月，TOD'S 集团在 Casette D' Ete 建立了它的总部，Diego Della Valle 先生在此实现了人们职业与私人生活的和谐，其中的花园和健身中心是为了员工及他们的孩子的健康而设。一个新的，在总部旁边建立的工厂也开始启动，这家厂房将是意大利最大的奢侈鞋品的生产场地。

2000 年：11 月 6 日，TOD'S 集团在意大利证券市场正式上市，并取得了良好业绩。

2005 年：年底，110 家直营店及 63 家经销店。

2006 年：集团经营业务的所有市场收益均取得可观增长，意大利增长 15.8%、意大利以外的欧洲增长 8.2%、北美洲增长 5.2%、亚洲及世界其他地区增长 25.3%。TOD'S 集团在 2006 年，有超过一半收益来自其在国外的销售，其中意大利占 48.8%、意大利以外欧洲占 25.4%、美国占 10.5%、远东占 15.3%。

2007 年：3 月 31 日，TOD'S 集团销售网路包括 117 家直营店和 65 家经销店，品牌包括 TOD'S、Hogan、Fay 和 DEV 等。

2010 年：12 月 31 日止，集团旗下各品牌的店铺总数其中包括 159 家自营店，与 2009 年相比增加 10 家，另外还有 71 家特许经营店。虽然集团的主打产品是鞋类（鞋类销量达到 5.646 亿欧元），但配饰方面同样取得增长，全年增加 10% 至 1.232 亿欧元。配饰（Tod's 手袋和配饰为主）在最后一季更是取得 35% 的增幅。

6 | 线上线下——
一个 FAST FASHION 的商业传奇

TOPSHOP

品牌英文名称 TOPSHOP

品牌概况

注册年份：1964 年

注 册 地：英国

经营品类：服装、配件、包袋、鞋履、内衣、化妆品与礼品

经营市场：线下　美国、英国、阿尔巴尼亚、澳大利亚、巴林、智利、克罗地亚、塞浦路斯、捷克、丹麦、爱尔兰、冰岛、印度尼西亚、以色列、日本、科威特、黎巴嫩、马来西亚、马耳他、菲律宾、波兰、卡塔尔、俄罗斯、新加坡、斯洛文尼亚、西班牙、瑞典、泰国、土耳其、乌克兰、阿联酋

　　　　　　线上　TOPSHOP 有英国与美国两个网站域名。在英国网站域名下购买的商品可送达超过 100 个国家。在美国网站域名下购买的商品可送达美洲的超过 50 个国家

经营规模：线下　在英国有 300 多家分店，英国以外有 100 多家店

　　　　　　线上　100 多个国家与地区

经营业绩：2009 年销售额为 10.5 亿美元

上市与否：否

品牌官网：http://www.topshop.com

市场评价：TOPSHOP 是最具活力和影响力的高街品牌之一，多变而丰富的款式引领高街风尚，红遍全球。

TOPSHOP 总裁 Sir Philip Green 与
合作伙伴 Kate Moss

英国伦敦牛津街 TOPSHOP 旗舰店

日本东京新宿的 TOPSHOP 旗舰店

美国纽约的 TOPSHOP 旗舰店

新加坡 TOPSHOP 店

中国北京 798 工厂非空间代理 TOPSHOP

TOPSHOP 网购主页

商品图片　　　商品信息，包括款名、款号、颜色、　　　搭配建议
　　　　　　　价格、尺码、面料和商品描述等信息。

TOPSHOP 网购商品页面

2012 春夏 Topshop Unique 的"古埃及"主题

案例诉求

TOPSHOP 线上线下联动，整合营销优势。

营销问题

TOPSHOP 在取得线下品牌经营的成功之后，如何进行线上经营的拓展，并保持两者的互为依存。

营销对策

TOPSHOP 从线下品牌经营拓展至线上品牌经营，在品牌传播、货品流转等方面实施线上线下联动，整合营销优势，成功地为消费者提供了快速时尚消费的解决方案。

营销过程

1. "打造"廉价时尚天堂

在"快时尚"年代，人们对衣物的重视远不及从前，时尚界的重心也从制造向销售倾斜，深谙此道的 TOPSHOP 创始人 Sir Philip Green 获得巨大商业成功。他将这家服装连锁企业打造成英国的"廉价时尚天堂"，以普通人能够接受的价格，销售设计、剪裁贴近国际一线品牌的时装。2005 年，TOPSHOP 半年内的销售额超过 10 亿英镑，而当时整个英国服装市场全年销售额不过 70 亿英镑。对于收入有限的爱美人士，遍布街头的 TOPSHOP 门店简直是通往时尚 T 台的捷径。他们在时尚杂志上看到"式样"，然后走进 TOPSHOP 商店，以低价买到类似款式衣物。对于渴望销售业绩的零售商，TOPSHOP 的成功模式值得标榜。低价只是 TOPSHOP 成功的原因之一；紧跟市场潮流、迅速调整供货品种是 TOPSHOP 吸引消费者的另一主要原因。

2. 供应货品丰富多样

TOPSHOP 每周都有 10 万件新品摆上货架。TOPSHOP 专卖店销售的产品涵盖了你所能想到的方方面面，从皮大衣到短上装到各种各样的配件，如包、手镯、内衣、化妆品甚至玩具。2011 年夏天，TOPSHOP 首次推婴儿装系列，将品牌一贯传承的复古精神融入到童装系列，让儿童也能潮起来。TOPSHOP 引导的高街时尚从英国红到欧美再到亚洲，中国也有相当多的 TOPSHOP 粉丝。

3. 构筑线上营销渠道

从 2000 年开始上线的 TOPSHOP 网站，货品可送达超过 100 个国家和地区，每周 5 次更新超过 300 款单品。有着成功基础的 TOPSHOP 产品加上不断完善的网络营销策略使得 TOPSHOP 官网越来越成为消费者们的另一购买渠道选择。

4. 线上货品系列及专供

TOPSHOP 线上产品实施单一品牌的多产品线策略，并代理少量设计师品牌。TOPSHOP 自有品牌的三大产品系列分别为 Topshop 一般系列、Boutique 系列与 Unique 系列，Topshop 一般系列是销售的主体产品，各系列定位风格明确，产品差异化明显。产品价格偏向中低端，超过 200 英镑的高价商品一般来自 Unique 系列与设计师品牌。TOPSHOP 一直支持启用新一代的设计师，确保品牌源源不断地拥有新的灵感。TOPSHOP 每季的新品量达到 7 000 款左右，产品周期与产品组合方面，它的出货时间短，更新周期快，每件单品的货量也很少，新上市单品一般都会在一个月内卖出所有库存，产品款式始终紧跟潮流趋势。TOPSHOP 网站上有标识"Exclusive（专供）"的商品，表示该商品只有网站有售。这项营销策略意在提升网络销售的业绩。

5. 线上线下的销售联动

由于线上商品要与线下店保持价格一致，而线上购买多出的服务费用如配送费用与退货费用一般则需要消费者自己承担。 当然 TOPSHOP 平时总是有满 75 英镑免运费的活动，而且消费者需要退货服务而不想承担退货运费时，可以把商品送到所有 TOPSHOP 店铺，而不需要自己邮寄给公司。 这项政策给消费者提供了很大的方便。 同时，TOPSHOP 的网站商品资料直接来源于公司，所以顾客浏览到的商品总是比线下实体店更全更足，顾客可以看到当季该品牌在售的所有商品。

6. 服装试衣的线上线下联动

在 TOPSHOP 的商品页面可以对该件商品进行英国店铺的存货跟踪。 当消费者在官网上看中某件商品却因没有见过实物、没有试穿过的顾虑而犹豫购买时，便可通过该项服务了解就近英国店铺该件商品的库存情况并前往试穿。 这项策略使官网充当了商品目录的角色，让对网购有所顾虑的消费者可以更了解店铺的商品库存动态，从而实现线上、线下营销的联动。

7. 线上营销的优质物流

在 TOPSHOP 的线上购物采用多物流配送方式，给予消费者更多的选择空间。 英国境内配送方案有标准配送与指定日配送两种方案，后者的配送周期更短，运费也相应更高。 而国际配送方面，TOPSHOP 提供了皇家邮政的邮寄配送方式。 网站从 2011 年 5 月起，修改了其运费的设置，由原来的"满 75 英镑国内免运费"改成了"满 75 英镑全世界免运费"，更低的购买成本吸引更多的国际买家。

8. 稳健的市场拓展策略

2005 年开始，TOPSHOP 在伦敦时装周上展示了 Topshop Unique 产品线，这个产品系列创建于 2001 年，Topshop Unique 展示以后与一些国际精品店建立了排它性的合作关系。 这是 TOPSHOP 与其他快速时尚品牌开设专门店并快速复制完全不同的扩张策略，TOPSHOP 从不急迫地进入一个新的市场，亦从未出售区域独家代理权给任何零售商，而是在一个目标市场先选择一家风格独特的时尚精品店合作，在新市场中建立自己独特的品牌形象，再沉淀若干年之后，才开设独立专门店。 在美国独立专门店开店之前，TOPSHOP 已经通过合作的精品潮店 Barneys New York 和 Opening Ceremony 售卖商品；在巴黎，TOPSHOP 的产品摆放在被时尚潮人们顶礼膜拜的精品店 Colette 里出售；东京的 10 Corso Como Comme des Garcons、香港的高档买手店连卡佛都是 TOPSHOP 的合作伙伴；2011 年，TOPSHOP 选择与北京 798 工厂的非空间合作，预示着这个英国品牌终于正式向中国市场进发。

9. 与名模 Kate Moss 联手开发产品

与超模 Kate Moss（凯特·莫斯）联手，由 Kate Moss 担当设计师和代言人。 身高 1 米 69 的 Kate Moss 在模特界身高并不出众，但她的设计才华却让她创出一番大事业。 她是时尚界最具影响力的超模，她不是专业设计师，也没有接受过专业培训，她甚至不会画草图，但对于如何穿衣打扮，她有天生的悟性，只要 Kate Moss 在伦敦街上一走，就能掀起一股全球范围内的模仿狂潮。Kate Moss 设计和代言的 TOPSHOP 产品热卖，可见其拥有的巨大商业价值。Sir Philip Green 声称，这个曾经令他左右为难的合作现在是他认为的世界上最好的签约合作。

10. "明星礼服" 慈善营销

2009 年圣诞节期间，TOPSHOP 推出了一系列创新性的营销活动，其中包括明星礼服出租服务，TOPSHOP 获得了 Kate Moss（凯特·莫斯）、Dita Von Teese（蒂塔·万提斯）、Naomi Campbell（纳奥米·坎贝尔）、Olivia Palermo（奥利维亚·巴勒莫）等明星、名模捐给慈善机构的礼服。 租赁者可在 12 月 7 日到 12 月 23 日之间的任何时间租赁 4 天明星服装。 2010 年 1 月，这些礼服被拍卖，而所有这些所得捐献给一家支持老年人生活的慈善机构。

营销结果

① 1974 年，TOPSHOP 从 Sheffield 百货公司退出来，成为独立零售商。TOPSHOP 逐渐成为时尚界一个成功故事。 TOPSHOP 在英国有 300 多家时尚分

店，包括在世界上最大的时尚店，在伦敦 Oxford Circus 的 TOPSHOP 旗舰店，每个星期吸引着 20 万的消费者去光顾。 在英国以外有 100 多家店铺，并同时拥有英国与美国两个购物网站域名。 TOPSHOP 打造了廉价的快时尚品牌，为消费者提供了通往时尚 T 台的捷径，并使消费者体验了一线品牌的设计与剪裁。

② TOPSHOP 很好地利用了线上与线下双向营销的优势，消费者可以在线上了解线下店铺的库存情况并选择前往就近的店铺试穿，它为消费者消除了网络购物的顾虑。

③ 传统的服装品牌从巴黎、伦敦、米兰、纽约各大时装周 T 台上发布的潮流延续出产品，到各专卖店或专柜上货，一般需要好几个月时间。 根据快速时尚的概念，企业能够在极短时间内将产品概念转化成为消费品，最初这个过程需时约 6 周。 如今，快速时尚品牌企业在 10～15 日之内便可完成，TOPSHOP 便是其中之一。 TOPSHOP 作为快速时尚品牌的代表，服装系列紧贴最新时装潮流，设计及生产过程迅速，价格便宜，主攻主流消费群，实行高效灵活的供应链管理，并对时装潮流的转变迅速作出回应，赚取令人满意的利润。

④ TOPSHOP 线上销售不仅仅是服装产品的提供者，更是 21 世纪营销"解决方案"的提供者。 TOPSHOP 的服装分类很好地做到了这点，TOPSHOP 的服装按品类分 24 个板块，除了最基本的如连衣裙、裤子、上衣等按功能性分类的服装板块，还有如大码、小码这些特殊尺寸的服装板块，同时还有一个"补货"板块，提供以前销售量高但是已经断货的商品，方便消费者找到以前心仪的但是又没有买到的商品。 每一板块下，按照服装的长度、贴身度、面料、功用与穿着场合等再细化分类，以连衣裙为例，可分为外出裙、夏季裙、宽松裙、束腰裙、合体裙、紧身裙、长裙与中裙、外罩裙、针织裙、设计师品牌连衣裙。

⑤ 2008 年的金融危机是一场大洗牌，用薄利多销来推广自己的产品使得 TOPSHOP 赢得了销售业绩。 纽约 Abrams Research 市场调研公司做了一次调查，采访了超过 100 名奢侈品行业专业人士、编辑、时尚博主以及其他一些相关人员，这一调查要求受访者说出他们心目中最好的应对经济危机并在逆境中仍欣欣向荣的品牌。 TOPSHOP 以 34.1% 的提名率拔得头筹。 与平价品牌优衣库不同，TOPSHOP 对实用的基本款兴趣不大，相反，该品牌以每周一次的惊人

速度推出大量"只流行一季"的时髦款式，即便银根吃紧，无法抵御 Kate Moss 魅力的消费者们还是大方地打开了他们的钱包——反正大部分的商品售价都在 45 美元至 100 美元之间，这点钱又算得了什么呢？ 在纽约新店开幕期间，Sir Philip Green 向店里的客人赠送面值高达 500 美元的礼物券。 凭借时髦的款式、低廉的价格和一点小恩小惠，TOPSHOP 获得了令人羡慕的销售业绩。

理论依据

1. 4P 营销理论

产品（Product ）、价格（Price ）、渠道（Place ）和促销（Promotion ）。

产品——从市场营销的角度来看，产品是指能够提供给市场被人们使用和消费并满足人们某种需要的任何东西，包括有形产品、服务、人员、组织、观念或它们的组合。

价格——是指顾客购买产品时的价格，包括折扣、支付期限等。 价格或价格决策，关系到企业的利润、成本补偿、以及是否有利于产品销售、促销等问题。 影响定价的主要因素有三个：需求、成本、竞争。 最高价格取决于市场需求，最低价格取决于该产品的成本费用，在最高价格和最低价格的幅度内，企业能把这种产品价格定多高则取决于竞争者同种产品的价格。

渠道——所谓销售渠道是指在商品从生产企业流转到消费者手上的全过程中所经历的各个环节和推动力量之和。

促销——促销是公司或机构用以向目标市场通报自己的产品、服务、形象和理念，说服和提醒他们对公司产品和机构本身信任、支持和注意的任何沟通形式。 广告、销售促进、人员推销、公共关系是一个机构促销组合的四大要素。

2. 4C 营销理论

以顾客（Consumer ）为中心进行营销，应关注并满足客户在成本（Cost ）、便利（Convenience ）方面的需求，加强与客户的沟通（Communication ）。

顾客——企业为满足顾客的需求，根据顾客的需求来提供产品。

成本——顾客的一切购买成本包括金钱花费、时间精力以及购买风险。

便利——提供消费者便利的交易过程。

沟通——企业与顾客间的双向沟通从而建立基于共同利益的新型企业/顾客关系。

3. SIVA 理念

即解决方案（Solutions）、信息（Information）、价值（Value）、途径（Access）。

解决方案——消费者如何解决自己的问题。

信息——消费者在哪里可以了解更多。

价值——消费者需要牺牲什么来解决问题。

获取——消费者在什么地方可以得到解决方案。

案例分析

TOPSHOP 多系列、年轻时尚、款多量少的产品，为时尚一族提供了通往时尚 T 台的捷径，中低端的产品价格又降低了通往时尚 T 台的门槛高度。消费者依据购物习惯与便捷程度可在线上与线下购买服装产品。

TOPSHOP 一年两次的大型折扣活动；启用最炙手可热的明星作为代言人并参与设计，每年推出两季特定设计款；关注社会公益并推出特定款；与各大社交网站合作推出公共主页，方便消费者互相交流；通过电子邮件和网站提供折扣、优惠券；所有的销售促进手段在推广品牌的同时提升了销售业绩。

TOPSHOP 一方面对服装产品按着装场合细致分类；另一方面提供服装按流行趋势检索服装的便利，定期更新流行主题大图，消费者可通过其检索相符合的服装商品，检索到的服装以人台着装正侧反三张图及商品细节图详细展示，并提供服饰搭配建议，方便消费者寻找到着装解决方案。

分析结果

① TOPSHOP 成功实现了从品牌视角的 4P 营销向以消费者价值为中心的 4C 营销的延伸。

② TOPSHOP 为消费者提供了快时尚消费的解决方案。

案例思考

服装品牌线上线下经营，不仅仅是营销渠道的拓展，更是关系品牌战略定位的重要抉择。

思考题

1. 中国服装品牌取得线下经营成功后，能不能向线上经营拓展？ 如何拓展？ 反之，以线上经营起步的服装品牌，有没有线下经营的可能？

2. 如何构筑服装品牌线上线下经营的差异化优势？

阅读参考

品牌简介

自 1964 年成立以来，TOPSHOP 已经成为主流的风格和最成功的时尚品牌之一。它是红遍英国以及全世界的高街品牌，以其快速的更新周期，独特的风格，大胆创意的设计，适中的价格深受时尚潮人和业内人士的青睐。 在英国有 300 多家店铺，并在全世界范围内迅速扩张其版图。 TOPSHOP 支持年轻有才的设计师，自 2002 年来一直赞助"新一代方案"（New Generation Scheme），已为多个时装界举足轻重的设计师予以支持，如 Alexander McQueen、Matthew Williamson、Sophia Kokosalaki、Christopher Kane、Jonathan Saunders 和 Marios Schwab。 TOPSHOP 是 Arcadia 集团的一部分，该公司拥有的其他零售商店有 Burton、Dorothy Perkins 和 Miss Selfridge。 1974 年，第一个独立的 TOPSHOP 商店开幕；1978 年，TOPMAN 的创建作为分拆的品牌，以迎合男性消费者现在则单独运营。

品牌历史

1964 年：TOPSHOP 于英国 Peter Robinson 成立。

1974 年：成为独立的零售商。

1978 年：TOPMAN 成为独立的男装品牌。

1994 年：9 万平方英尺的标志性旗舰店 Topshop Oxford Circus 开张，每周吸引超过 20 万个顾客。

1998 年：重新开张的 Topshop Oxford Circus 是全球最大的时尚品牌店，它以快速的更新、适中的价格稳固了它在英国高街时尚的先锋地位，并且重新定位了品牌的商业模式。

1998 年：和 Clements Ribeiro、HusseinChalayan 联手打造 TOPSHOP 的设计师系列产品。

2000 年：TOPSHOP 的官方网站开始上线，为消费者新增一个购买渠道。

2001 年：Unique 系列成立。

2002 年：Sir Philip Green 收购 Arcadia Group。

TOPSHOP 为 New Generation Scheme 提供商业赞助。

2005 年：Unique SS06 在伦敦时装周展示。

2006 年：Kate Moss 为 TOPSHOP 设计系列产品。

2007 年：英国艺术家 Stella Vine 以她五彩缤纷的艺术作品为灵感为 TOPSHOP 设计了一个限量版系列。

2008 年：伦敦时装周上 Christopher Kane、Marios Schwab、Jonathan Saunders、Richard Nicoll、Todd Lynn 和 Louise 为 TOPSHOP 设计全系列。

2009 年：在英国利物浦开设第一家曼哈顿风格概念店；

在美国纽约开设旗舰店。

2010 年：在日本东京新宿开设 TOPSHOP 旗舰店；

在奥克兰 TOPSHOP 开设第一家新西兰店。

2011 年：TOPSHOP 与北京 798 工厂的非空间合作。

7 | 代理商的自营式精细管理成就沙驰营销佳绩

Satchi

品牌中文名称 沙驰
品牌英文名称 Satchi

品牌概况

注册年份：1972 年
注 册 地：意大利
经营品类：服装、鞋帽、箱包、皮具
经营市场：中国（男装）
经营规模：截止 2011 年 12 月底，沙驰服装店铺总数 350 家，其中自营店铺 94 家，加盟店铺 256 家
经营业绩：2011 年销售额业绩 10.5 亿
上市与否：否
品牌官网：http://www.satchi.com.cn

市场评价： 沙驰产品选用国际顶级面料，制作工序严格，细节考究，手工精湛，裁剪效果柔和而简练。 沙驰坚持"功能与时尚结合、流行与经典兼容"的独特风格，不单提供高端服饰，更体现男士生活品位。 沙驰，一个步入中国市场仅 11 年的高端男装品牌，与同类品牌采取自营为主的渠道模式不同，其主要采用加盟代理为主，实现了品牌终端的快速扩张，通过代理商的自营式精细管理，创造了品牌的营销佳绩。

沙驰 2011 秋冬广告

沙驰 2012 春夏广告　　　　　　　　沙驰 2012 春夏广告

沙驰男装十周年"纵横·时"时装发布

沙驰全球最大半身西装造型　　　　　　高级手工定制

选用意大利 BIELLA 国际顶级毛料

沙驰男装陈列展示

沙驰陈列展示

沙驰陈列展示

案例诉求

沙驰品牌采取以加盟代理为主、自营为辅的渠道模式，并通过自营式代理商管理之道，不断制定和完善代理商的管理策略，有效控制和管理代理商，促进品牌快速发展。

营销问题

2001 年，沙驰男装进入中国市场，面对众多的男装竞争品牌，其中不乏中高端品牌。沙驰，一个源于皮具的品牌，一个当时在服装领域未展开市场的品牌，一个定位于中高档的男装品牌，如何在中国实现快速扩张，如何在中国尽快抢占市场份额？ 自营模式比较稳妥、回款快、管理直接、货品结构可以自控调整，但是，扩张速度慢，庞大的队伍需要进行管理；加盟代理模式则借助代理商的力量，成本低、扩张速度快，有利于新品牌市场开拓，但是，代理商不容易管理控制，市场管理难度大。 面对现实情况，沙驰如何选择营销渠道模式？ 如何进行渠道规范与复制？

营销对策

沙驰品牌在分析自营和加盟代理渠道模式的利弊基础上，确定了以加盟代理为主、自营为辅的渠道模式。 针对代理商不易管理的缺点，沙驰确定了自营式代理商管理之道，将代理商当作自营店铺去维护，对代理商进行培训支持（包括产品培训、服务培训、终端管理培训等）、陈列维护、组织架构搭建、商场互动及市场活动策划等多角度的精细化管理和维护，最终实现代理商和品牌公司的双赢。

营销过程

1. 单店授权

沙驰在分析不同代理合作模式基础上，确定了单店代理授权制，也就是一个店铺拥有一个店铺的代理授权，且绝不允许出现二级代理，一旦发现立即取消代理权。 对于做得已经比较成功的代理商，比如某代理商已在厦门城市做得很成熟，情况良好，可以授权代理商在福州等城市继续开店，但仍然是一家一家店铺代理授权，而不是将整个城市或省的代理权一并授予。 通过单店代理授权制，沙驰直接参与店铺的选址、装修、铺货、管理等，有效地控制终端店铺经营质量。

2. 品牌忠爱

初创时，沙驰为了快速打开渠道，只要合作方拿钱来，就授予代理权；只要合作方能够进驻某一个商场并拿到店铺好位置，沙驰便与其合作。 幸而，沙驰能够快速在市场发展中醒悟，代理商想要经营好品牌，不是靠钱、渠道、关系就能生存，代理一个品牌，首先要对这个品牌忠爱。 沙驰坚信品牌是维系品牌公司和代理商的纽带，只有双方都保持对品牌的忠爱，才能进行品牌的合作，才能共同维护品牌发展。 因此，沙驰在洽谈品牌合作时，一定会问代理商，你爱沙驰吗？ 你了解沙驰吗？ 你能像经营自己的家庭一样经营它吗？ 只有对方是忠爱沙驰这个品牌的，才会进行下一步的沟通洽谈。

3. 廉洁协议

沙驰完全站在市场角度，与代理商良性合作，并于 2012 年上半年与每一位代理商签订了"廉洁协议"，要求代理商不可收取任何破坏品牌形象、损害品牌利益、不利于品牌发展的费用。 沙驰秉承与代理商公平公正的合作理念。坚持原则成为代理商的重要考核指标，只有那些能够坚持原则的代理商方可成为沙驰的可持续合作客户。

4. 训练多面手

沙驰对代理商的管理非常执著，涉及培训、陈列、商场互动、沟通、市场策划等，但营运成本很高。 于是，沙驰确定了训练培养多面手业务的概念，并将全国代理商进行划区，每个区域设置业务经理和业务员，业务员需经常去管辖范围内的代理商处出差，且凭业务员个人就可以解决很多事情。因此，当沙驰的业务员必须吃苦耐劳，出去什么都要会干，做完陈列做培训，做完培训做沟通，做完沟通再在店铺帮助做销售。 因此，很多品牌都来挖沙驰的业务员，说沙驰是"黄埔军校"，能挖到一个业务员，就能给公司带来很多有价值的管理参考。 沙驰正是本着"黄埔军校"的业务培养模式，培养出一批批能力全面的业务员，不但减少了公司人才招聘费用，更促进了品牌稳健发展。

5. 培训支持

沙驰的培训力度非常大。 其一，一年两次的订货会，每次订货会期间，开设两次大型培训课程，邀请服装专业培训名师做培训，另外再由营销经理、培训经理、咨询部经理分别对终端店铺、产品和服务、电脑数据与分析进行培训，以此促进代理商的成长，对员工也是一次很好的学习机会，进而保证合作双方在一个频道上、同步进行沟通；其二，在销售淡季，培训部、客服部、陈列部在全国范围内进行片区的巡回培训，代理商及店铺导购前来片区培训点接受培训，培训内容包括产品知识、服务技巧、服务礼仪与规范、陈列技巧与规范等，不断提升代理商与导购员的素质、服务水平和销售质量；其三、邀请全国代理商派店长及部分导购前来公司总部进行产品、服务、陈列等多方面的培训，并组织去店铺实地找问题学习，最后还要通过考试，再让他们回去培训其他导购。

6. 陈列维护

沙驰要求业务员与陈列师频繁的去代理商处巡店并给予指导，包括陈列维护和指导。 由于业务员和陈列师的人员限制，对于每一个代理商来说，业务员和陈列师光顾的次数是有限的，为了应对持续维护代理商的店铺陈列问题，沙驰要求代理商每月将店铺的陈列照片传给对应的陈列师，陈列师进行点评并反馈，代理商在接到反馈后需调整店铺陈列，然后再上传调整后的陈列图片。 同时，公司所有的陈列师共享所有店铺点评前和修正后的陈列图片，以便于各业务员学习、了解所管理店铺的产品及陈列情况。

7. 终端管理

由于全国的代理商、店铺导购及自营店铺导购的专业水平不等，沙驰何以在全国终端店铺实施统一规范的程式化管理。 其一，一年两次的产品手册及卖点光盘制作，通过专人演示介绍新一季产品卖点，对全国的导购进行产品专业知识培训；其二，一年两次的产品陈列手册及光盘制作，公司内陈列师先将下一季度新品全部进行陈列搭配并拍图做记录，任何店铺即可参考陈列手册进行陈列展示和搭配；其三，FAQ制作并更新，FAQ为客服部制作专门应对终端店铺顾客问题的手册，要求全国店铺的导购都能熟记；其四，制作21条服务规范，通过示范店铺示范导购的现场演示光盘，对全国导购进行培训，培训内容涉及到站姿、手势、迎宾语、奉茶、试衣、量裤长、包装等21个服务过程中的细节。 全国终端店铺导购都要求按以上四项终端服务进行培训和实施，后续更由培训部和客服部通过抽查奖罚等措施保证服务要求和规范的有效实施。

8. 沟通互动

沙驰非常重视与代理商的沟通和互动，沙驰要求每年两次的订货会，代理商老板必须到场。 因为，这是公司总部与代理商评估市场、交流、货品建议、情感维系的好机会。 另外，沙驰每年会组织代理商进行一次旅游，由公司安排路线，让代理商感受不同城市的经营模式和商业氛围，到每一个城市的旅游景点之后，沙驰安排让所有的代理商到所在城市的沙驰店铺去找问题，各个区域所遇到的问题不一样，代理商在自己所在城市看到的问题具有局限性，而来到其他城市，感受、发现了很多新问题，学习的收获就更多，成效就更加显著，甚至超越培训课程的成效，不失为一个既能与代理商维系关系又能互动学习的好方法。

9. 沙驰网络学院

由于学习无处不在，经常性出现的学习典范，可供代理商学习参考，但又不能通过固定的培训时间与代理商分享。 因此，沙驰成立了"沙驰网络学院"，将学习案例和培训资料等放置网上，各代理商及公司内部员工可通过帐号和密码登录沙驰网络学院进行学习与沟通。 通过学习共享，不断提升代理商及沙驰员工的管理能力，通过网络学习辅助强有力的培训支持，让典型的自营店铺管理模式快速复制到代理商的终端店铺，让公司最新的管理概念与要求同步覆盖代理商的思想，从而使代理商也能达到自营管理的水平。

营销结果

① 沙驰以皮具起家，沙驰男装进入中国，通过十年的品牌营销引领并倡导了一个时代的商务男士服饰文化。通过代理商渠道的建立与规范，发展至今，已成为各大商场都想引进的男装品牌，在男装市场具有一定影响力。

② 截止 2011 年 12 月底，店铺总数 350 家，其中自营店铺 94 家，加盟店铺 256 家，70％以上的店铺都是代理商渠道。

③ 沙驰的销售业绩多年来呈快速增长趋势，2007 年销售业绩 3.4 亿，2008 年 4.1 亿，2009 年达 6.1 亿，2010 年达 8.2 亿，到 2011 年突破了 10 亿。每年都以高于 20％的销售增长率增长，其中 2009 年增长率高达 48.8％。

理论依据

1. 加盟代理

加盟代理即为某企业组织或者某集团连锁总部（以下简称总部）与加盟商之间相互约定的合作关系。根据约定（一般以书面合同形式表现），总部和加盟商履行相关义务和争取相关权益，总部须向加盟商提供最少一项独特商业经营特权，并附有员工培训、组织结构、经营管理及商品供销等协助和服务，而加盟商也须付出适当报偿。合作期间任何一方违反合同条例，另一方可根据约定向相关执法部门提起诉讼，维护自身的权益。

加盟代理的主要合作模式有区域代理制、总代理如省独家代理模式、区域代理制与直营零售相结合的模式，每个合作模式各有利弊。

① 区域代理制具有分销速度快、分销量大、汇款快且多等优点，但操作不方便、市场管理难度大，该模式需要代理商有实力（资金实力、分销能力和市场地位）、销售集中度高、网络实力强且覆盖面广，需要代理商市场管理能力强。

② 总代理如省独家代理模式，具有成本低、操作便利、有利于新品牌市场开拓等优点，但总部对渠道的可控性差、容易被代理商控制，不利于品牌销售的最大化及不利于精细耕作，该模式对代理商的分销网络能力等要求很高，对总部给商家利润要求高。

③ 区域代理制与直营零售相结合的模式具有总部可控性强、信息收集快、分销速度快、分销量大等优点，但操作成本高且不便利，该模式对代理商实力（资金、资源投入等）要求较高，对总部的精耕细作、二次配送能力要求高，且要求品牌表现好，具有一定的市场张力。

案例分析

高端服装品牌在渠道选择上往往会倾向于自营模式，以保证终端店铺的运营质量，而沙驰恰恰相反，沙驰 70% 以上的店铺为加盟代理模式。

通过加盟代理，沙驰步入中国大陆市场 11 年，店铺总数达 350 家，其中加盟店铺 256 家，这些店铺创造出十亿多的年销售业绩，且沙驰在业界及顾客中具有良好的品牌美誉度。这跟沙驰品牌公司的很多营销决策分不开，其中有一条至关重要的便是沙驰对代理商的自营式精细化管理，成功有效的控制了代理商终端店铺的运营质量。

分析结果

① 服装品牌控制终端店铺运营质量，不一定非要通过自营模式完成。

② 区域代理与自营相结合的模式既可以实现店铺扩张，又可以把控终端店铺形象与经营质量。

③ 对代理商的自营式精细化管理可以弥补加盟代理模式的不足。

案例思考

加盟代理渠道定位后如何依据品牌公司的特点对代理商进行管理？

思考题

1. 如果沙驰根据高端品牌一般采取以自营为主的渠道模式，沙驰品牌能否在步入中国大陆市场 11 年就能达到如此终端店铺规模？

2. 品牌在采取加盟代理和自营相结合模式时，对加盟代理模式的不足是有办法弥补的，你认为有哪些方法？

　　3. 沙驰对代理商的自营式精细管理对其他品牌有何借鉴？

　　4. 你对沙驰的代理商精细管理有何看法？ 请再思考如何继续优化沙驰对代理商的管理？

阅读参考

品牌简介

　　沙驰高级男装系列，包括了经典风格的正装系列以及具有国际时尚品位的商务休闲系列。

　　在品牌精髓"热切追求，人生所有"即"Live life with a passion"的指引下，在延续传统经典风格的基础上加入时尚的元素，坚持功能与时尚结合、流行与经典兼容。

　　品牌本着高起点、高标准、严要求的作业态度，每一件产品从构思到设计、制品，都经过严格的工序，每一细节都力求考究、自然，沙驰产品具有众多人性化细节设计，如沙驰西服袖窿底的月亮袋、风箱褶等设计，极力满足消费者对流行时尚、生活品位的喜爱与追求。

　　在原料选用上，搜集网罗世界各地的顶级面料，毛料选用拥有百年历史的意大利著名毛料产区 BIELLA，皮革来自西班牙，高科技功能面料则来自德国和日本，整合国内最先进的服装生产制作技术，打造出沙驰精品。

　　专业的正装制作，2011 年，为了证明沙驰在正装西服上的优势，沙驰请了 8 位专业技师，用了 300 多米的面料，耗时 3 个月打造出 6 米多高的西装，在全国做巡展推广，向众人展示沙驰在正装商务领域的专业度。

品牌历史

1972 年：沙驰以皮具起家，注册于意大利。

2001 年：上海沙驰服饰有限公司创立，全面代理沙驰品牌中国大陆地区男装业务，8 月，召开第一届品牌推广会，向各界媒体及意向合作伙伴展示了沙驰男装的品质生活及品牌主张。

2002 年：参加北京服装博览会，收到诸多渠道客户关注，沙驰渠道建设进入扩张期。

2003 年：第二代终端形象升级，首次引入了"店装家居化"整体概念，将道具、模特、货品、软装有机整合，营造整体设计理念所倡导的情境，一定程度上引领了商务男装市场的 SI 新模式与新标准。

2004 年：沙驰从面料着手提升产品品质，与诸多顶级面料供应商（如 Ermenegildo zegna、Loro Piana、Reda 等）确定合作关系。

2005 年：沙驰与《时尚先生》、《man's uno》、《时尚男士》、《哈佛商业评论》、《财富》等各大时尚及财经类媒体杂志展开合作，迅速提升了品牌知名度与美誉度。

2006 年：沙驰签下诺贝达品牌大陆地区男装总代理权，全新运作取得骄人成绩。

2007 年：沙驰全面推进终端服务标准升级，推出"沙驰销售 9 步曲 21 条金牌服务礼仪"，对男装市场服务体系产生了一定的影响力。

2008 年：汶川地震发生后，沙驰捐赠超过亿元价值物资，公司董事总经理陈珍林先生获选上海普陀区人大代表。同年，公司 OA 系统上线，提高管理水平，降低运营成本。沙驰品牌战略转型，确立了"面料为先、品质为尊"的制衣理念，提出"把产品当做艺术品来创造"的品牌精神。

2009 年：沙驰成立商品企划中心，与法国著名设计公司协力合作，同步国际流行趋势，在面料、工艺、版型、货品组合上全新整合，突破传统模式，创立新设计体系。

2010 年：沙驰牵手与 Canali 合作多年的建筑设计师 Duccio Grassi 和 FernandoCorrea 全新设计终端形象体系。并与曾为 Hermes 常年合作的世界顶级橱窗设计师 Lucca Sacchi 先生合作进行橱窗展示。

2011 年：沙驰打造全球最大的半身西服，并在中国十多个城市进行巡展，超过百万受众亲眼目睹视觉奇迹。为纪念沙驰男装进驻中国十年，意大利百年毛纺厂 TALLIA 甄选直径 11 微米的澳大利亚黄金羊毛精纺，全球仅 1 000 米的珍贵毛料，由沙驰定做全球限量 300 套的十周年纪念西服套装，让着衣之人体验到沙驰男装的经典与优雅如帝王般尊贵的完美结合。10 月 18 日，在上海的一滴水码头，国际巨星甄子丹、音乐教父李宗盛携手多名国际超模奉献了一场经典"纵横·时"发布会。同年，沙驰与 CNBC 亚太第一财经共同呈现了 2011 年中国最佳商业领袖，为所有候选领袖与商界精英定制盛服。

8 | 从淘宝的集市转型淘宝的国度

淘宝网
Taobao.com

品牌中文名称 淘宝网
品牌英文名称 TAOBAO

品牌概况

注 册 年 份:2003 年
注 册 地:中国
经营品类:网络零售商
经营市场:亚太地区网络零售商圈
经营规模:截止 2008 年底,淘宝网注册会员超 9 800 万人,覆盖了中国绝大部分网购人
　　　　　群;2008 年交易额为 999.6 亿元,占中国网购市场 80% 的份额
　　　　　截至 2009 年底,淘宝网注册会员 1.7 亿,2009 年交易额为 2 083 亿元
　　　　　2010 年淘宝网注册会员 3.7 亿,交易额则高达 4 000 亿元人民币,2011 年淘
　　　　　宝交易额 6 100.8 亿元是亚洲最大的网络零售商圈
上市与否:否
品牌官网:http://www.taobao.com

市场评价:国内著名互联网分析机构艾瑞咨询调查显示,淘宝网占据国内电子商务 80%
　　　　　以上的市场份额。 2008 年,"大淘宝战略"应运而生。 秉承"开放、协同、
　　　　　繁荣"的理念,通过开放平台,发挥产业链协同效应,大淘宝致力于成为电子
　　　　　商务的基础服务提供商,为电子商务参与者提供水、电、煤式的基础设施,繁
　　　　　荣整个网络购物市场。 为社会创造 100 万直接就业机会是大淘宝最重要的目
　　　　　标。 截至 2009 年底,已经有超过 80 万人通过在淘宝开店实现了就业(国内
　　　　　第三方机构 IDC 统计),带动的物流、支付、营销等产业链上间接就业机会达
　　　　　到 228 万个(国际第三方机构 IDC 统计)。

2010 年淘宝商城广告

位于中国杭州的公司总部

阿里巴巴集团 LOGO

2004 年淘宝的地铁广告

淘宝网吉祥物蚂蚁

一淘公司 LOGO

天猫公司 LOGO

阿里巴巴集团创始人、集团主席及执行官　马云

案例诉求

公司多元化发展战略——针对消费者，从 C2C 网站分解为 C2C、B2C、搜索引擎三大电子商务网站，成为全新网络交易大平台。

这个新的平台由阿里巴巴 B2B 和三家"Tao"公司一起完成对不同客户的服务：一淘网的购物搜索，淘宝网价廉物美的社区化创新以及淘宝商城的精品专业体验，这些给消费者以全新的感受；同时，也能帮助无数阿里巴巴上的诚信企业展开专业的电子商务营销。

营销问题

淘宝网自 2003 年成立，经历了多次业态升级，从最早的网络交易平台，到如今的集 B2C、C2C、购物搜索和团购形式为一体的综合性网络零售商圈，成为世界范围内最大的电子商务交易平台之一。同时，中国成为全球电子商务市场增长最为快速的地区之一。数据显示，截止 2010 年底，淘宝网拥有 3.7 亿注册用户，单日 UV（独立访客）6 000 万左右，单日最高交易额 19.5 亿元，在线商品数超过 8 亿件。已成巨头之势的淘宝网，如何更为强势的巩固其在中国市场的绝对领导地位，早已成为摆在阿里巴巴集团面前的最重要议案。

营销对策

已经成为亚洲最大的网络零售商圈的淘宝网迎来成立后最大规模的自发式变革，变革所生成的多股力量将全面重塑中国的电子商务格局。在这一战略背景下，淘宝基本完成了互联网交易的基础架构建设工作。在某种程度上，淘宝等同于网络购物这个概念已经成为社会共识。

营销过程

1. "大淘宝战略"

2008 年，阿里巴巴集团提出"大淘宝战略"，整合集团优势资源，将其产业使命定义为做整个电子商务产业的水、电、煤式的基础设施提供商，为所有的电子商务公司提供支持和服务，打造更大的电子商务生态系统，努力把零售行业从工业时代推进到互联网时代，让网络零售成为主流的零售方式。

2008 年 9 月：阿里巴巴启动"大淘宝"战略，阿里巴巴集团宣布投入 50 亿人民币支持"大淘宝"计划。马云解读大淘宝战略为"大淘宝就是要做电子商务的基础服务商，让用户在大淘宝平台上的支付、营销、物流以及其他技术问题都能够做到顺畅无阻"。 "大淘宝"战略公布后不久,阿里妈妈并入淘宝,阿里上线无名良品(打通 B2B 与淘宝平台),形成 B2B2C 电子商务生态链条。

2009 年 8 月:作为"大淘宝"战略的一部分,口碑网注入淘宝;

2010 年:阿里妈妈更名为淘宝联盟;淘宝商城发展加速,相继推出淘宝电器城、淘宝名鞋馆等垂直商城;

2010 年 6 月,淘宝正式推出"淘宝大物流计划",其核心包含了淘宝物流宝平台、物流合作伙伴体系以及物流服务标准体系等三大块内容。 上线后的淘宝物流宝平台是由淘宝网联合国内外优秀的仓储、快递、软件等物流企业组成的服务联盟,提供一站式电子商务物流配送外包服务,解决商家货物配备(集货、加工、分货、拣选、配货、包装)和递送难题的物流信息平台。

2010 年 10 月,阿里巴巴推出一淘网。 一淘网立足于淘宝网的商品基础,打造面向中国电子商务全网的独立购物搜索引擎。

2010 年 11 月,淘宝商城启用独立域名 tmall.com,并开始大范围投放广告。

2. 一拆为三战略

2011 年 6 月 16 日,阿里巴巴集团宣布,为更精准和有效的服务客户,确保淘宝公司旗下业务的持续竞争力和内生性创新能力,该公司将会分拆为三个独立的公司,即沿袭原 C2C 业务的淘宝网(taobao.com),平台型 B2C 电子商务服务商淘宝商城(tmall.com)和一站式购物搜索引擎一淘网(etao.com)。

(1)淘宝网

聚集了大量商品和流量并持续贡献巨额交易量的淘宝网,将会用继续强化原淘宝网在集市方面的压倒性优势,用更具拓展性的市场手段和服务举措,为小企业服务,为消费者提供更好的消费体验。

(2)淘宝商城

在 B2C 领域遥遥领先的淘宝商城将会深耕平台化品牌商品交易市场,将线上线下资源更好打通,扩大其在此领域的辐射能力和产业及品牌塑造能力,拉开和竞争对手之间的差距,为消费者提供更多选择。

（3）一淘网

作为一站式购物搜索引擎，一淘自上线以来，已经成为这个领域内的领军力量，它最终将会为消费者提供从商品搜索、购物比价甚至在线支付的全流程购物服务。

阿里巴巴集团表示，根据新的业务和战略定位，此次调整后的三家公司将更加专注和聚焦于自身业务，在业务领域发挥所长，获得合适的授权和资源，针对不断变化的市场情况快速决策；其次，独立后的子公司在战略和经营上具有更大的灵活性，管理更有重点，得以充分打造应对各自领域的核心竞争力；子公司业务将继续快速发展，更好满足细分消费人群的多样需求，并给员工和股东带来更多的价值。

3. "大阿里战略"

独立成军后的三大 Tao 公司，将在阿里巴巴集团的统一管理和资源调配下，与阿里巴巴旗下其他子公司形成更有效的协同与策应，帮助阿里巴巴集团将"大淘宝战略"升级至"大阿里战略"。

"大阿里"战略的核心是将和所有电子商务的参与者充分分享阿里集团的所有资源——包括其所服务的消费者群体、商户、制造产业链，整合信息流、物流、支付、无线以及提供数据分享为中心的云计算服务等，为中国电子商务的发展提供更好、更全面的基础服务。

马云说："大阿里战略的核心使命仍是建设开放、协同、繁荣的电子商务生态系统，促进新商业文明。我们坚信中国电子商务发展得好和阿里没有太大的关系，但发展得不好肯定和我们有关系。"

营销结果

① 2011 年 6 月 16 日，阿里巴巴集团旗下淘宝分拆成三个独立公司：C2C 淘宝网、B2C 淘宝商城、搜索引擎一淘网。截止拆分前，淘宝商城拥有 4 亿多买家，40 000 多家商户，70 000 多个品牌；一淘网收录商品总量 6 亿以上，B2C 商家数量上千家（包括淘宝网、淘宝商城、京东商城、当当网、卓越亚马逊及凡客诚品等），相关购物信息 2 亿条以上。淘宝网拥有注册用户 3.7 亿，2010

年淘宝网交易额近 4 000 亿，2011 年淘宝交易额超 6 000 亿元。

② 2011 年 9 月 19 日：淘宝商城宣布开放 B2C 平台战略，同时与包括一号店、乐淘、新蛋、银泰网等 38 家国内知名垂直 B2C 企业联合宣布达成战略合作。 至此淘宝商城的平台战略更加清晰化。

③ 2011 年 11 月 2 日阿里巴巴宣布 10 亿元投一淘，目的不为考虑盈利，造外部流量入口。 主要体现两点：第一，一淘网绝不是纯粹的比价网站，这并不是一淘的目的，而是要为用户提供整套购物的选择方案，价格只是元素之一，也是有意要弱化的元素；第二，当今电子商务已不是某家 B2C 想一揽子全都自己干就能做成的生意，而是整个生态链的孕育，作为淘宝的外环，一淘的使命就是开放，为更多淘宝外的独立 B2C 带去流量。

④ 2011 年 11 月 11 日，这个被网友戏称为 800 年一遇的光棍节，成了淘宝等电子商务巨头网上促销的绝佳日子。 据淘宝商城透露，淘宝商城网购狂欢节从 11 日零点开始正式启动，1 分钟后 342 万人流涌入商城；8 分钟交易额破亿，活动 1 小时，交易额便突破 4.39 亿元。 在整个活动中，淘宝商城当日的支付宝交易额达到 33.6 亿元，是 2010 年 11 月 11 日活动交易额的 4 倍左右。淘宝商城官方微博的数据显示，共有 2 000 余家品牌店、数百件商品参与了淘宝商城的网购狂欢节。 其中，有 3 家品牌店销售额破 4 000 万元，总共有 497 家品牌店销售突破百万元。

⑤ 2011 年，淘宝商城交易规模达 1 000 亿元，为 2010 年交易规模的 3.5 倍。 该商城拥有 4 亿多买家，5 万多家商户，7 万多个品牌。

⑥ 2012 年 1 月 11 日，淘宝商城启用新名称"天猫"，"天猫"正是 Tmall 的谐音。 淘宝商城总裁张勇表示，新名称的启用最主要的原因是加深客户及网购用户对其独立品牌的理解，以区隔与淘宝网的不同定位，而与是否独立运作上市无关。 "淘宝商城不会独立上市"，张勇表示。 张勇还表示，天猫在 2012 年将着力打造三大方向：

一是打造对消费者认可的无忧购物流程；

二是回归基础工作，大力打造商家与合作伙伴的服务平台；

三是打造和升级天猫的营销平台，提供更多营销工具的出口。

⑦ 2012 年 2 月 1 日，淘宝直通车正式与天猫网购（原淘宝商城）分拆。 分拆后，天猫网购使用独立的直通车平台，不再与淘宝网卖家公用一个直通车。

079

理论依据

1. 企业战略

企业战略是指企业根据环境的变化、本身的资源和实力选择适合的经营领域和产品，形成自己的核心竞争力，并通过差异化在竞争中取胜，随着世界经济全球化和一体化进程的加快和随之而来的国际竞争的加剧，对企业战略的要求愈来愈高。

企业的战略类型包括：成长型战略、稳定型战略、收缩型战略、并购战略、成本领先战略、差异化战略和集中化战略。 其中，成长型战略包括一体化战略、多元化战略、密集型成长战略。

（1）一体化战略

一体化战略包括纵向一体化战略和横向一体化战略。 以面向用户为前向，获得对经销商或者零售商的所有权或对其加强控制，称为前向一体化。 获得对供应商的所有权或对其加强控制，称为后向一体化。 横向一体化可以通过以下途径实现：购买、合并、联合。

（2）多元化战略

多元化战略的类型包括：同心多元化和离心多元化。 同心多元化也称为相关多元化，是以现有业务为基础进入相关产业的战略。 当企业在产业内具有较强的竞争优势，而该产业的成长性或者吸引力逐渐下降时，比较适宜采取同心多元化战略。 离心多元化，也称为不相关多元化。 采用离心多元化的目标是从财务上考虑平衡现金流或者获取新的利润增长点。

（3）密集型成长战略

密集型成长战略也称为加强型成长战略，包括三种类型：市场渗透战略、市场开发战略和产品开发战略。

案例分析

阿里巴巴集团的战略转型即属于多元化战略，从传统的 C2C、B2B 业务形态，发展为 C2C、B2B、B2C、搜索引擎的多重业务模式。

由 B2B 业务起家：成立阿里巴巴，建立商家与商家的交易平台；

发展 C2C 业务：成立淘宝网，成为中小型商家与消费者之间的交易平台；

发展 B2C 业务：成立淘宝商城（后更名"天猫"），成为有信誉的大中型商家的贸易商城；

发展搜索购物引擎业务：成立一淘网，成为专业购物搜索引擎。

分析结果

① 持续的创新能力、有效的资源协同能力以及精准的服务到达能力是阿里巴巴集团的立身基础。 马云认为，阿里巴巴集团必须在组织结构上不断尝试和创新，才能摸索出适合互联网发展的新型企业管理思路和模式，保持创造力和先进性。"阿里的惯例就是把大公司化为小公司来做，这样才能建立更加创新的机制，才能让更多的年轻人和新同事成长起来，在'小'环境里让大家有更多机会展示才华和能力"。

② 拆分后的淘宝将一改其之前的集团式冲锋战略，化拳为掌，广泛渗透于电子商务产业的各条业务线，深拓精耕中国的电子商务市场。 2011 年，这是一次主动性的战略调整，阿里巴巴集团董事局主席马云说，"互联网和电子商务的形势发生了巨大的变化，近两年来，互联网在搜索、SNS（社区化）和电子商务领域里发生了格局性的变化，新公司层出不穷。 2009 年启动的"大淘宝"战略取得了阶段性进展，初步建立了一个强大的以消费者为中心的网购生态系统。 为了更好适应行业的快速发展，集团决定提升'大淘宝'战略为'大阿里'战略"。

③ 客户的需求正在发生变化，阿里巴巴集团的"淘战略"将从多角度满足消费者的需求。 一方面，网上消费购物在淘宝的引导和努力下已经从生活的补充变成了生活的必需，"我们要为消费者提供更专业和个性化的服务"（马云）。 另一方面，随着内需的展开和企业的转型，越来越多的企业将会使用电子商务来服务客户，他们需要的支持和服务也是今非昔比，"所以我们必须从以淘宝网为主的消费者平台升级为'无处不在'的供需双赢的消费平台"（马云）。

案例思考

作为处于市场绝对优势的大企业，是应该利用这种品牌的强势效应发展，还是打破现有模式注入创新活力？

思考题

1. 如果淘宝网遵循固有的公司发展模式，那么，淘宝网会不会止步于一家大型 C2C 的网络交易平台？

2. 三家企业的分家除了为企业带来活力之外，是不是也失去了一些资源优势？

阅读参考

品牌简介

1. 阿里巴巴集团

阿里巴巴集团致力为全球所有人创造便捷的网上交易渠道。提供多元化的互联网业务，涵盖 B2B 贸易、个人零售、支付、企业管理软件和生活分类信息等服务范畴。阿里巴巴集团由中国互联网先锋马云于 1999 年创立。阿里巴巴集团由私人持股，现服务来自超过 240 个国家和地区的互联网用户，在中国、日本、韩国、英国及美国超过 50 个城市有员工 17 000 人。

2. 吉祥物蚂蚁

淘宝网的吉祥物是蚂蚁，蚂蚁文化则是它们的文化！"我们是蚂蚁雄兵"。马云多次向外界这样介绍淘宝，也不止一个场合使用"蚂蚁雄兵"这个词。记得马云在一家体育馆组织了 2 000 多名员工集体参加阿里巴巴成立 5 周年的庆典，聚会上，淘宝员工们挥舞着印有淘宝吉祥物——"蚂蚁"的旗帜。在长达 4 个小时的庆典结束之际，每位员工都手牵着手，唱着"不经历风雨，怎么见彩虹"。"组织起来的蚂蚁能够打败大象"，可见蚂蚁在淘宝网上是非常有地位的，并且是一种力量的象征，它不仅仅勤劳，并且组织起来后可以胜过大象。

3. 天猫 http：//www.tmall.com

天猫原名淘宝商城，是一个购物网站，淘宝网打造的 B2C（Business to Consumer，商业零售）。其整合数千家品牌商、生产商，为商家和消费者之间提供一站式解决方案。提供 100% 品质保证的商品，7 天无理由退货的售后服务，以及购物积分返现等优质服务。2012 年 1 月 11 日上午，淘宝商城正式宣布更名为"天猫"。

4. 一淘网 http：//www.etao.com

一淘商品搜索是淘宝网推出的一个全新的服务体验。一淘网立足淘宝网丰富的商品基础，放眼全网的导购资讯。网站主旨是解决用户购前和购后遇到的种种问题，能够为用户提供购买决策、更快找到物美价廉的商品的服务。

　　根据淘宝网的开放搜索功能，淘宝网站外的 B2C 商家可以通过现有的淘宝网数据开放平台，向一淘搜索引擎传送数据。 分析认为，越来越多的商家加入到了垂直 B2C 商家的阵营中，如果一淘网能够全面接入这些 B2C 网站的商品信息，再加上淘宝网目前超过 6 亿的商品数量，其将有可能为全网用户提供一个超过 10 亿商品信息的"巨无霸"导购平台。

品牌历史

1999 年：6 月，阿里巴巴集团成立。

2003 年：5 月，淘宝成功上线。

　　　　7 月，阿里巴巴宣布 1 亿元人民币投资淘宝。

　　　　10 月，支付宝上线。 支付宝采用担保交易的模式，买家先把钱打给支付宝，当收到购物用品并检查无误后，再通知支付宝付款给卖家。

　　　　11 月，推出网上实时通信软件贸易通（现在的阿里旺旺）。 当时淘宝在 C2C 市场的主要竞争对手为 eBay 易趣，2003 年 eBay 易趣在 C2C 市场份额高达 90% 左右，并与中国主流门户签订排他性的广告协议。 但这并未阻止淘宝的发展，凭借"免费模式"的推出，以及对于用户体验的关注及提升，淘宝网迅速聚拢人气。

2005 年：10 月，阿里巴巴宣布再向淘宝网投资 10 亿人民币，淘宝网继续免费 3 年。 从市场份额来看（据易观国际数字），2005 年底淘宝 C2C 市场份额 57.74%，eBay 易趣 31.46%，拍拍网 3.76%；2008 年底淘宝 C2C 市场份额 86%，拍拍网 7.2%，eBay 易趣 6.6%。

2006 年：10 月，阿里巴巴宣布完成对口碑网的收购，借此进军分类信息领域。 口碑网创立于 2004 年，主要提供生活黄页、分类信息和多个垂直搜索，为本地化"吃、住、玩"生活社区网站。

2007 年：阿里妈妈诞生，其商业模式可简单概括为"中小网站站长将广告位放到阿里妈妈上如同商品一样销售"，即广告＝商品。 阿里妈妈的使命被表述为"让天下没有难做的广告"。

2008 年：4 月，淘宝网推出淘宝商城，宣告淘宝网正式进入 B2C 领域。

　　　　6 月，口碑网与中国雅虎合并，成立雅虎口碑。

　　　　9 月，阿里妈妈与淘宝合并；阿里巴巴集团研发院成立。

2009 年：7 月，阿里软件与阿里巴巴集团研发院合并。

　　　　8 月，阿里软件的业务管理软件分部注入阿里巴巴 B2B 公司；作为"大淘宝"战略的一部分，口碑网注入淘宝，使淘宝成为一站式电子商务服务提供商，为更多的电子商务用户提供服务。

　　　　9 月，阿里巴巴集团庆祝创立十周年，同时成立阿里云计算。

2010 年：3 月，阿里巴巴集团宣布成立大淘宝战略执行委员会，其成员来自淘宝、支付宝、阿里云计算和中国雅虎的高管，以确保"大淘宝"战略的成功执行。

　　　　5 月，阿里巴巴集团宣布，从 2010 年起将年度收入的 0.3% 拨作环保基金，以促进全社会对环境问题的认识。

　　　　11 月，淘宝商城启动独立域名 Tmall.com。

2011年：1月，阿里巴巴集团宣布将在中国打造一个仓储网络体系，并与伙伴携手大力投资中国物流业。

2011年：6月，阿里巴巴集团将淘宝网分拆为三个独立的公司：淘宝网（taobao.com），淘宝商城（tmall.com）和一淘（etao.com），以更精准和有效的服务客户。

2011年：10月，阿里巴巴集团将淘宝网旗下的团购平台聚划算（ju.taobao.com）分拆为独立公司。

2012年：1月，淘宝商城宣布更改中文名为天猫，加强其平台的定位。

9 ｜ 网络第一服装品牌——凡客诚品

VANCL 凡客诚品

品牌中文名称　凡客诚品
品牌英文名称　VANCL

品牌概况

注册年份：2007 年
注 册 地：中国
经营品类：服装、鞋、箱包、配件、化妆品、家居品
经营市场：网络销售模式，国内外网民均可浏览其网站并购买，海外订单可支持包括港澳
　　　　　台在内的全球 70 多个国家和地区的配送
经营业绩：2011 年营业收入约为 35 亿元，2010 年营业收入约为 20 亿元
上市与否：否
品牌官网：http：//www.vancl.com

市场评价：互联网快时尚品牌；高性价比的自有品牌；全球时尚的无限选择；最好的用户
体验。

凡客诚品创始人：陈年

2012 年 4 月份网站广告

案例诉求

凡客诚品的自主网络平台营销：依托网络传播营销平台，将现代化网络电子商务模式与传统零售业进行创新性融合，区别于近年兴起的快时尚品牌，如瑞典的 H & M、西班牙的 Zara 等采用的传统渠道分销模式，采用更优化的自主网络营销方式，辅助以卓越的供应链管理体系，在统一的品牌战略管理理念下，力图打造全方位、精细化、立体化的品牌营销矩阵，实现品牌传播的最优化。

营销问题

2005 年，PPG 开创服装类自主网络平台营销，成为服装电子商务起步的标志性事件，随后国内的互联网快时尚品牌如 VANCL（凡客诚品）、MASAMASO（马萨·玛索）等一大批服装 B2C 企业异军崛起于网购市场。 据艾瑞咨询发布《2009—2010 年中国服装网络购物研究报告》，VANCL 以 28.4% 的市场份额，继续在自主销售式服装 B2C 网站中排名第一。 那么，创立于 2007 年的 VANCL 在当今服装网络销售竞争异常激烈的形势下，是如何脱颖而出的呢？

营销对策

明晰品牌风格定位，明确品牌形象；优化受众体验，维系顾客关系；深掘顾客价值，提高品牌忠诚度；泛媒介、数字化、多渠道推广品牌。

营销过程

① VANCL 将自己定位为互联网时尚生活品牌，并将之诠释为"提倡简单得体的生活方式，坚持国际一线品质与合理价位，致力于为互联网新兴族群提供高品质的精致生活。"

② 2008 年 3 月，由于 VANCL 业务快速增长，物流配送发生多起订单延误，引起客户强烈不满，CEO 陈年通过网络亲发致歉信，责成向客户登门道歉并赔偿 200 元经济安抚补偿。此后，无条件 30 天退换货、上门试穿、建立自有物流配送中心提高配送效率等举措相继出台。

③ 站在顾客角度考虑，节约时间成本、经济成本，提供物美价廉、时尚潮流的产品，获得更多消费者青睐，VANCL 特邀设计师创作的数百款 T 恤，图案美观，舒适大方，价格低廉，激发顾客购买欲望。

④ VANCL 在 2010 年启用王珞丹、韩寒作为形象代言人，通过互联网广告覆盖上万家大大小小网站，形成广泛影响力，同时推出户外广告及电视广告，影响到白领、普通百姓们上下班的必经之路，实现线下线上的全覆盖。在国内 B2C 网站中，VANCL 较早地开通新浪微博，推出 1 元秒杀原价 888 元衣服的抢购活动，请来姚晨和徐静蕾等名人就 VANCL 的产品进行互动，赠送 VANCL 牌围脖；发起"秒杀韩寒《独唱团》"杂志活动，让设计师讲述设计背后的故事，让刚入职三个月的小员工来抒发感性情怀。在 VANCL 公司内部，要求品牌、市场部等相关部门员工在新浪等网站开办微博，更新微博也被视为员工 KPI 绩效考核的一部分。

⑤ VANCL 一上线就选择了一种经济有效的网络推广模式——CPS 广告联盟，即按销售付费广告联盟。

营销结果

① VANCL 品牌定位的核心在于倡导一种简约主义的生活方式，强调舒适有质感的生活格调，这一定位获得诸多消费者的认同，引起目标消费群内心的共鸣。而且 VANCL 最新的品牌定位精确地迎合目标客户的生活形态和价值观，

087

这一定位延续了之前"全棉生活新方式"的诉求，品牌定位的内涵得以提升。

② VANCL 注重情感沟通，以真情和努力来维持顾客良好的体验，消除了顾客对网购的疑虑，树立网购信心，获得愉悦的网购体验。

③ 在深入了解顾客需求的基础上，推出 VT（恤），有针对性地赢得了目标客户群，获得消费者的高度满意，并赢得巨额订单和良好的市场口碑。顾客第一次购买后如果转向其他品牌，可能面临较大的程序转换成本以及风险成本，障碍的存在会大大降低消费者发生转换行为的可能性，VANCL 成功维系了顾客忠诚度，有利于二次购买行动的产生。

④ 两位 80 后代言人，王珞丹是影视界新星，韩寒被喻为 80 后"文化旗手"，都在网民心中有着不可替代的地位，影响力可想而知。

⑤ 凡客微博被打造成一个与客户互动、提供有价值信息、传递企业文化的平台。CPS 模式以点击率转化为购买行动来计算广告费用，避免了网络广告投放的无序性和高损耗。

理论依据

1. 定位

一个清晰、有效的品牌形象必须与企业的发展理念及企业的文化和价值观念联系起来，企业内外对这个品牌形象都应该有恰当的理解和认可。

科特勒将品牌定位定义为"设计公司承诺或形象的行动，从而可以在目标顾客的脑海中占据首要和有价值的地位"。

（1）成功定位的核心是形成一个价值主张

形成一个价值主张是实现成功定位的核心，最强的品牌定位层次超越了强调产品特征或是产品利益。它们通过强有力的信仰和价值观进行定位。市场的产品具有共性，要在定位中体现产品优越性与差异性，以区别竞争对手，使公司或品牌的认知度和形象差异化根植在顾客心目中。

（2）沟通、传递、调整市场定位

一旦公司选择某一定位，必须采取有力措施向目标顾客宣传这种定位，所有的市场营销策略组合必须支持定位策略。此外，需通过一致的表现和沟通来小心保持这个定位，并不时地密切监督并调整定位，以适应消费者需求和竞争对手策略的改变。消费者正居于一个传播过度的社会，铺天盖地的广告投入或许已不能使品牌占据消费者脑海中显著地位。

2. 体验

随着个性消费的回归，消费者购物过程不单是获得建立在等价交换关系基础上的物质满足，更注重消费过程中的自我实现和愉悦体验。体验是顾客对企业为他们提供的产品、服务、促销的评价或感知。网络购物不同于传统渠道，由于产品无法试穿、试用，消费者对产品的第一印象往往是间接的，如网站页面设置、客服态度、付款方式、物流配送，这些都对消费者的购物体验产生深刻影响，购物体验使消费者加深对品牌与产品的了解。受众对品牌的文化、价值产生认同体验有助于维护消费者的品牌忠诚度。体验营销观点认为，消费者是理性和感性兼具的，消费者将情感的因素融入整个消费过程中，这种情感因素表达了受众内心的需求与渴望。

3. 品牌忠诚

美国整合营销大师唐·舒尔茨（Don E. Schuhz）在 4C 营销理论的基础上提出的新营销理论 4Rs，4R 分别指代 Relevance（关联）、Reaction（反应）、Relationship（关系）和 Reward（回报）。该营销理论认为，随着市场的发展，企业需要从更高层次上以更有效的方式在企业与顾客之间建立起有别于传统的新型的主动性关系。这种新型的主动性关系颠覆了市场营销此前流行的产品观念和推销观念，注重以消费者为中心管理顾客关系，期望经过调查，了解顾客最需要什么样的产品或服务，然后根据对顾客的了解，带给顾客最需要的利益，从而简化与顾客之间的交易。

4. 多渠道推广

研究者总结 web 3.0 时代广告传播的经营理念为"在品牌主义指导下的泛媒介传播，以非常规的传播方式为主导的关系建构。"从用户体验、产品理念、服务意识、企业文化、社会责任等多角度推广品牌，通过公关宣传、产品包装、全面合作、用户互动、口碑传播等让品牌无处不在，互联网快时尚品牌运用精准娴熟的品牌传播方式，泛媒介、数字化、多渠道推广品牌，建立品牌形象。

案例分析

凡客诚品首先确定明晰准确的品牌风格定位：简约主义生活方式。并在定位中体现凡客诚品产品的优越性与差异性，以区别竞争对手，迎合目标客户的生活形态和价值观，使公司或品牌的认知度和形象差异化根植在顾客心目中。在营销策略上，采用了泛媒介、数字化、多渠道来推广品牌，在这样一个互联网发达的时代，凡客诚品通过公关宣传、产品包装、全面合作、用户互动、口碑传播，建立了良好的品牌形象。

分析结果

明确的品牌定位是品牌成功的第一步，而在之后的营销计划中，采用泛媒介、数字化、多渠道的方式，这在信息化时代显得尤其重要和关键。

案例思考

凡客诚品在推广品牌上采取了以泛媒介、数字化、多渠道的方式，但是不是也意味着推广成本的大幅增加？

思考题

1. 登陆 VANCL 的微博，分析微博营销有哪些特点？

2. 分析 VANCL 如今面临的困境有哪些？

3. 分析 VANCL 未来有哪些挑战？

阅读参考

品牌简介
1. 公司简介
　2007 年 10 月，选择自有服装品牌网上销售的商业模式，发布 VANCL。目前已是根植中国互联网上，遥遥领先的领军服装品牌。 据最新的艾瑞调查报告，VANCL 已跻身中国网上 B2C 领域收入规模前四位。 VANCL 取得的成绩，不但被视为电子商务行业的一个创新，更被传统服装业称为奇迹。 2009 年 5 月被认定为国家高新技术企业。

VANCL 已拓展涵盖至男装、女装、童装、鞋、配饰、家居六大类，随着公司业务在各品类间的不断深化，凡客诚品将成为网民服装购买的首选。

业务快速成长的同时，VANCL 在运营初期短短十个月里，即获得了 IDGVC、联创策源、软银赛富、启明创投的先后三轮投资。

2. VANCL 品牌理念

互联网快时尚品牌；高性价比的自有品牌；全球时尚的无限选择；最好的用户体验。

3. VANCL 创始人陈年

1969 年 4 月生于山西省闻喜县。 1994 年来京，服务北京新闻文化界。 1997 年创办席殊好书俱乐部。 1998 年创办《书评周刊》。 2000 年，卓越网创始团队成员，执行副总裁。 2004 年 9 月，美国亚马逊以 7 500 万美金收购卓越网。 其作为卓越网的实际运营者，为股东创造了高达 30 倍的投资回报。 因其对互联网用户文化消费的深刻理解，曾被誉为"能够挤出用户购买欲"的人。 其在卓越网的实践，为中国 B2C 行业的市场启蒙、生存及创新，做出了突出贡献。

4. 企业文化

诚信——VANCL 品牌理念的核心价值

坚守真诚待客之道，以提供高性价比产品为己任；

任何时候，VANCL 都不掩饰自己的问题，坦诚面对、勇敢担当。

务实——VANCL 为人做事的行为准则

不做任何浮华虚夸之事，虽志存高远仍脚踏实地；

不计较个人得失，以团队利益为重，营造简单、高效的工作氛围。

创新——VANCL 高速成长的坚实保证

不亦步亦趋，而以开放姿态鼓励创新，以持续创新提升业绩；

每天都处在危机之中，只有不断创新、拥抱变化，才能成功应对不确定的未来。

5. 企业荣誉

2008 年：11 月，凡客诚品荣膺 2008 第二届中国创业投资价值榜"最具潜力企业 50 强"票选榜首。

12 月，凡客诚品荣膺由 21 世纪商业评论、21 世纪经济报道主办的"2008 最佳商业模式企业大奖"。

12 月，CEO 陈年获由东方人物周刊、参考消息、北京电视台财经频道、新浪网联合主办的"赢在未来·商界领军人物大奖"。

12 月，CEO 陈年荣膺《创业邦》年会惟一大奖"2008 年度创业人物大奖"。

2009 年：3 月，凡客诚品荣获中国电子信息产业发展研究院、中国互联网络信息中心等单位指导、赛迪传媒等单位评出的"2008—2009 年中国 B2C 市场成长最快企业"。

3 月，CEO 陈年荣膺艾瑞咨询研究集团 2008—2009 年度"中国互联网精英奖"。

7 月，凡客诚品荣获《中国企业家》第九届"未来之星"企业奖。

12 月，凡客诚品荣获德勤亚太区高科技高成长企业 500 强第一名。

091

2010 年：4 月，凡客诚品荣获中国服装协会"中国服装品牌年度大奖创新大奖"。

11 月，凡客诚品荣获清科 2010 年度中国最具投资价值 50 强第一名。

11 月，CEO 陈年荣选《IT 经理世界》未来十年新经济人物。

12 月，CEO 陈年荣选《芭莎男士》杂志 2010 中国品位成功年度人物。

12 月，"凡客体"获 DCCI 互联网数据中心 2010 年度金赢销大奖。

2011 年：4 月，凡客诚品获"新京报时尚权力榜"年度生活方式影响力大奖。

4 月，CEO 陈年当选《环球企业家》2010 年度经济进取人物。

6 月，CEO 陈年当选福布斯"全球时尚界 25 华人"。

9 月，"我是凡客"之"凡客体"、"挺住体"系列传播获《21 世纪经济报道》第七届"中国最佳品牌建设案例"奖。

10 月，凡客诚品获商界传媒"微创新企业奖"。

11 月，凡客诚品获《新周刊》2011 网络生活价值榜年度最有价值网站。

12 月，CEO 陈年获 2011CCTV 中国经济年度人物提名奖。

品牌历史

2007 年：6 月，由陈年及卓越网前骨干团队成员创办。

7 月，第一轮融资由 IDG 和联创策源投资。

10 月 18 日，在《读者》第一次投放广告，网站正式上线。

12 月，第二轮融资由软银赛富和联创策源、IDG 共同投资。

2008 年：2 月，投放互联网广告，奠定中国互联网营销领先位置。

7 月，第三轮融资由启明创投和软银赛富、IDG、联创策源共同投资。

2009 年：4 月，凡客诚品服务全面升级，开创多项行业先河。

5 月，VANCL 通过国家高新技术企业认证。

6 月，启动 Bra－T 抢购，大举进军女装市场。

6 月，童装上线，正式进军童装市场。2009 年 7 月，北京市副市长程红一行专题视察凡客诚品。

8 月，启动帆布鞋抢购，产品线向 85 后群体拓展。

9 月，艾瑞咨询发布《2009—2010 年中国服装网络购物研究报告》，VANCL 以 28.4％的市场份额，继续在自主销售式服装 B2C 网站中排名第一。

12 月，公司以连续三年成长率 29 576％获得"德勤 2009 高科技高成长亚太区 500 强"第一名。

2010 年：1 月，时任中共中央政治局委员、北京市委书记的刘淇一行来到凡客诚品就"支持民营经济，加快自主创新示范区建设"进行专题调研。

3 月，荣获"中国服装品牌年度大奖创新大奖"。

4 月，签约韩寒、王珞丹为品牌代言人。

4 月，完成第四轮融资，由老虎亚洲基金领衔投资。

5 月，户外广告全面推出，广告文案"凡客体"成为互联网热点。

5 月 18 日，凡客诚品旗下网站 V＋正式发布。

12 月，完成第五轮融资，由联创策源领投，IDG、赛富、Tiger 等追加投资。

2011 年：2 月，凡客诚品推出手机凡客网和移动客户端，进军移动电子商务领域。

3月18日，凡客诚品社区化营销平台"凡客达人"正式上线。

4月，签约知名演员黄晓明作为VANCL帆布鞋产品的代言人。

4月，联袂120位设计师推1 500款图案的VT，在产品设计、营销推广方面做了多处创新。

5月，武汉、成都、西安、济南、沈阳等多地仓储陆续投入使用，自建物流如风达也实现了对开仓城市的24小时配送。

5月5日，凡客诚品帆布鞋形象代言人黄晓明的首支广告视频片通过新浪微博首发，8小时转发量突破12万，创下新浪微博单日转发历史的新纪录。"挺住体"火爆网络。

5月18日，V+成立一周年，服务升级与凡客同步，260个城市可实现30天无条件退换货。

6月，完成F轮融资，由淡马锡、中信产业基金、嘉里集团投资，IDG跟投。

6月，凡客诚品的化妆品频道正式上线，推出自有品牌Miook妙榡。

7月，首次在主流电视台投放广告，涵盖央视1、3、5、6套以及江苏卫视、湖南卫视等区域卫视的多个热播节目。

10月10日，签约李宇春为代言人，"生于1984，我们是凡客"的广告12小时微博转发量过20万。

10月11日，V+商城加盟腾讯超级电商平台QQ网购。

10月20日，《史蒂夫·乔布斯传》官网上线，网友可随书获赠印有乔布斯头像或经典语录的纪念T恤与胸章。

10 | 能"轻松拥有"的奢华品牌——COACH

品牌中文名称　蔻驰
品牌英文名称　COACH

品牌概况

注册年份：1941 年

注 册 地：美国

经营品类：主营男女精品配饰及礼品的美国企业。产品包括手袋、男女式小型皮具、公
　　　　　文包、周末休闲及旅行用品、鞋履、手表、外衣、围巾、太阳镜、珠宝、香水
　　　　　及各类配饰

经营市场：美国、加拿大、墨西哥、中国、日本、韩国、马来西亚、新加坡、泰国、澳大
　　　　　利亚、法国、爱尔兰、葡萄牙、西班牙、英国、阿拉伯联合酋长国、巴林岛等

经营规模：COACH 遍布美国 970 多个百货商店，在 20 多个国家中遍布于 211 家国际性的
　　　　　百货商店、零售店和免税店
　　　　　COACH 的网上商店 www.coach.com

经营业绩：2010 年，总销售额 41.6 亿美元

　　　　　2009 年，总销售额 36.1 亿美元

　　　　　2008 年，总销售额 32.3 亿美元

　　　　　2007 年，总销售额 31.8 亿美元

　　　　　2006 年，总销售额 26.1 亿美元

上市与否：2000 年在美国纽约证券交易所上市，市值约 190 亿美元（截止到 2011 年 11 月）

品牌官网：http://www.coach.com
　　　　　http://china.coach.com

市场评价：COACH（蔻驰）是美国著名皮革制品奢饰品品牌，是首屈一指的主营男女精
　　　　　品配饰及礼品的美国企业。其独特的制作工艺和高质量的制作受那些颇为讲
　　　　　究品质的顾客青睐。

COACH 品牌创始人
Miles Caha

COACH 主席兼首席执行官
Lew Frankfort

COACH 总裁兼执行创意总监
Reed Krakoff

1941 年 COACH 皮革制品诞
生于纽约市的一间阁楼作坊

1962 年首款受购物纸袋
启发而来的皮包

1973 年的 Duffle Sac 皮包（水桶包）

Signature（标识）典藏系列

70TH ANNIVERSARY LIMITED EDITION

七十周年独家商品

每一只如羽毛般轻盈的*Madison*麦迪逊系列*Chevron*雪佛龙*Lindsey*手提包都由300,000针手工缝线精心制作而成，来自七十周年纪念日系列的全新真皮镶边设计。

COACH 品牌七十周年独家产品

1981 年首家纽约专卖店
在麦迪逊大街 754 号开张

1988 年日本首家专卖店
在东京开张

1994 年纽约旗舰店
在麦迪逊大街 595 号开张

香港中环旗舰店

上海香港广场旗舰店

案例诉求

COACH 品牌的价格策略及其相关的营销调整。

营销问题

2000 年前，COACH 是一个遭遇危机的老品牌，营收与获利直线下降。

COACH 品牌在美国之外没什么品牌知名度。

营销对策

Balance magic and logic！ ——平衡魔法与逻辑！

调整思路，整合资源，重新定位，以价格策略为导向，开创亚洲生产基地，抓住亚洲潜在爆发的市场，最终以业绩跻身一线品牌行列。

营销过程

1. 定位"能轻松拥有"的奢华品牌——关键：大幅降低成本

转变的关键，在于 COACH 主席兼首席执行官 Lew Frankfort 于 1999 年决定赋予品牌新定位，成为一个"能轻松拥有"的年轻奢华品牌（Affordable Luxury），同时，他改变生产逻辑，大幅降低生产成本，让 COACH 产品价格能够下降，且将资源重新配置到强有力的品牌营销上。 如 COACH 海外事业部总裁 Ian Bickley 所说：COACH 成功的配方在于"Balance magic and logic！ （平衡魔法与逻辑！ ）"，换句话说，就是平衡了"价格低"、"奢华感"原本冲突的两端。

一般而言，世界品牌实验室（brand. icxo. com）一直认为奢华品牌为了维持尊贵品牌形象，都坚持手工制作，售价也高贵。 一个小型宴会包，LV（LVMH集团旗下主品牌）约 5 000 元左右，而 COACH 只要 LV 的一半价格不到。 但翻开财务报表，它的毛利率却没有因为价格而拉低；从 2001 年开始，COACH 的毛利率 64%，高于 LVMH 的 62%，并且一路攀升，2006 年毛利率高达 77%。

背后的"logic"便是通过将工厂移往亚洲，使生产成本降低。

根据英国《金融时报》报道，从 2000 年开始，COACH 就将九成以上的工厂陆续移到劳动力廉价的国家，如中国、印尼与土耳其等。"五年来，毛利率立刻从 64% 升到 77%。"除了工厂移到亚洲之外，Lew Frankfort 也大胆舍弃过去 COACH 引以为傲的手工传统，开始半机械化生产。生产逻辑的改变，让 COACH 的营业成本比率，从 1997 年的 42% 大幅下降到 2006 年的 22%。

2. 能精准定价与掌握市场需求量——关键：每天全球做消费者访谈

相较于 LV 等品牌坚持不愿意到中国设立生产基地，担心"Made in China"而降低品牌魅力，COACH 则是通过每年花费 500 万美元，在全球进行超过两万人的消费者调研，用精准的市场数字来管理品牌。因此 COACH 可以在一年前就规划好下一年所需要设计的款式与每个消费市场需求的数量。甚至，可以仔细到推测每个国家的不同年龄女性一年会买几个包包？以及平均单价为多少？数字管理让它可以精准定价与控制成本。而 COACH 在成本控制的同时，不代表品质也打折扣，在纽约的皮件加工厂，还是只选品质好的前 10% 皮布料，并且由 38 位监工做超过 20 道的严格控管与检测。

而另一端，COACH 则是以大手笔的预算来塑造高端形象，五年来平均每年把毛利增加的 37% 投入"销售、广告与设计"。换言之，每多赚 100 元的毛利就拿出 37 元打品牌广告，尤其着力于亚洲市场。

世界品牌实验室（brand. icxo. com）把镜头转向日本。这里是全世界最大的精品市场，2000 年日本精品市场前十名里 C 开头的只有 Chanel。自从 COACH 在 2001 年成立日本子公司后，2005 年就跻身日本十大精品品牌亚军，仅次于 LV。而五年来日本营收从占公司整体营收的个位数成长到 22%。

3. 抓住亚洲市场庞大消费力——关键：在 LV 旁开店

不断拓点与紧咬 LV 不放是 COACH 能在日本蹿红的主因。营收只有 LVMH 十分之一的 COACH 却敢花同样昂贵的租金在 LV 旁开旗舰店；2001 至 2005 这五年 COACH 是所有精品品牌里在日本开店最快的一家，总共开了 104 家店，其中包含七家旗舰店，这些销售店或旗舰店全都紧邻 LV，根据 COACH 的 2003 年财报，当年在日本每开一家店就要花上 656 万美元。在精品龙头

LV 旁开店，消费者心中会塑造它与 LV 同级的印象，但价格却大多只要 LV 的三分之一。

且为了配合每月新品上市，COACH 也会全球同步换新店内陈设如沙发位置、植物等，而且由全球总部统一规划，每个月寄出装潢包裹，里头有当月摆设的重点与摆设位置图，甚至音乐也都要全球统一。"搓揉精品魅力与新的生产、营销逻辑，让 COACH 能在新兴亚洲市场，培养出一群正在成长的新消费群。"世界品牌实验室（brand. icxo. com）指出。

营销结果

① 2006 年，COACH 成为美国华尔街的奢华品牌"传奇"，股价从 2000 年上市的 2 美元飙升到如今的 30 美元，成长 14 倍。

② 2008 年，在全球经济遭遇危机时，COACH 品牌销售业绩达到了 32 亿美元，增长率依然保持在 10%～15%，且没有负债。按照 Lew Frankfort 在 2009 年 5 月《第一财经》——"亚洲经营者"访谈中的观点："在经济衰退中，COACH 处于良好的位置，经历的只是增长的下降"。

③ COACH 品牌转移核心能力，找出新的发展逻辑，在未来全球精品最大单一市场的日本和中国，跻身一线品牌，并在营收与利润上获得丰厚回报。

理论依据

1. 价格的职能

价格在组织经济活动时，履行三种职能：首先是传递信息；其次是产生激励，使人们能够在使用现有资源时，以较少的成本取得最高的价值；最后，价格也决定收入的分配。上述三项职能是彼此相关的。

2. 需求价格弹性

需求价格弹性是指需求量对价格变动的反应程度，是需求量变化的百分比除以价格变化的百分比。由于需求规律的作用，价格和需求量是呈相反方向变化的，价格下跌，需求量增加；价格上升，需求量减少。

3. 影响需求价格弹性的因素

① 商品是生活必需品还是奢侈品，必需品弹性小，奢侈品弹性大；

② 可替代的物品越多，性质越接近，弹性越大，反之则越小；

③ 购买商品的支出在人们收入中所占的比重大，弹性就大；比重小，弹性就小；

④ 商品用途的广泛性，一种商品的用途越广泛，它的需求弹性越大，反之越小；

⑤ 时间因素，同样的商品，长期看弹性大，短期看弹性小。

案例分析

① 在精品传统悠久的欧美，一线品牌与二线品牌泾渭分明，但在新兴的亚洲市场，消费者是新的，所有的战争是从头开打，因此，COACH 就有了机会。COACH 将中国市场列为重点发展区域，2008 年 COACH 收回了中国市场的经销权。预计截至 2013 年，中国香港、澳门及中国内地所占市场份额将由现在的 10％增长至约 20％，并超过日本，这也让 COACH 更积极地加快在中国市场的拓展速度。

② 根据高盛证券 2004 年的全球精品市场报告，中国市场已经占全球精品工业销售的 12％，两年后更将达 20％，可望在 2015 年与日本一起成为全球精品最大单一市场。开创亚洲生产基地，又抓住亚洲潜在爆发的市场，COACH 选择了合适的区域市场实施其价格调整策略。

③ 全球消费者访谈把握需求，塑造高端品牌形象，在 LV 旁开店的昂贵租金，COACH 富有成效地将节约的生产成本投入到品牌营销的关键点上。

分析结果

① COACH 打破世界品牌实验室的一般逻辑：奢华品牌为了维持尊贵品牌印象，都坚持手工制作，售价也高贵。COACH 主席兼首席执行官 Lew Frankfort 做出了连 LV 总裁都不敢做的决定。

② COACH 充分发挥了价格需求弹性的作用，使消费者在有限的购买成本

下获得更高的价值回报。

③ 没有 Lew Frankfort 的价格策略调整，就不会有 COACH 今天的品牌知名度和骄人销售业绩。

案例思考

经济学的价格杠杆在服装营销中非常有效，中国市场上降低价格以提高销售量的竞争已经到了非常激烈的地步，那么，除了简单地降低服装零售价以外，还有什么可做的？

思考题

1. 如何评价 COACH 与历史悠久的欧洲品牌在不同区域市场竞争中的地位？
2. 如何确立与 COACH 价格策略相配套的产品策略？

阅读参考

品牌简介

1. 辉煌历史

1941 年，在纽约的一间阁楼里，COACH 的创始人 Miles Caha 从一个经典美国标志——棒球手套中汲取灵感，开创一段属于时尚的辉煌历史。 他从皮革极具特色的纹路和浓重厚实的光泽中看到了其超越自身的潜力。

六位皮件工匠，通过独特工艺对皮革进行精加工，使之更柔软，并保持了韧性和耐用性。 在精湛工艺的点化之下，第一款 COACH 手袋诞生了。 由十二款手袋组成的第一个 COACH 系列，每一个都是优雅与魅力的永恒体现——经典就此璀璨诞生，而这份手艺和技术也因此世代相传。

2. 精湛技艺

每一款 COACH 产品，都是设计与功能的完美平衡。 细节处的构思，洋溢着能工巧匠精湛的技艺。 精巧的外形、配件、口袋及背带，最大程度地体现实用、舒适、自然及无可抗拒的时尚感。 每一种皮革与材料，都经过了最为严格的精挑细选，使之达到 COACH 的品质标准，这成为了 COACH 的传统，经历时光洗礼始终如一。 而工艺更是被视为灵魂，例如在需要加固的地方采用双层针脚缝制，通过传统的手工制作技艺赋予每款手袋独一无二的个性、品质与魅力。

饰件同样表达了 COACH 的精髓，诸如标志旋扣式开关、皮带扣、环扣和锁眼，无论功能性还是装饰性都卓尔不群。 而每一款手袋、公文包和旅行包所特有的标志性吊牌，作为 COACH 品牌的商标，已受到国内外的广泛认可，令人争相追逐。 这是对 COACH 功能、工艺、时尚与风格的定义。

3. 创意总监

创意总监 Reed Krakoff 于 1996 年加盟 COACH，并将自己近 15 年在时尚与设计界打拼的经验悉数奉献给了 COACH。 Reed Krakoff 先生是当今美国最多产和最具活力的设计师之一。 在他富有技巧和创意的指导下，COACH 经历了成功的创意文艺复兴，使得业已牢固的品牌地位更趋强大。

凭借专业智慧和眼光，Reed Krakoff 先生领导 COACH 开拓生活时尚产品领域，不断推出包括 Ergo 系列、Legacy 系列、针织服装系列、眼镜、首饰、鞋类以及香水的新产品。

2007 年 1 月，Reed Krakoff 先生被任命为美国时尚设计委员会（CFDA）副主席，该机构对他的工作一贯赞赏有加。 2001 年和 2004 年，他被授予年度最佳配饰设计师的称号。 对于 Reed Krakoff 以及他所领导的 COACH，CFDA 称之为时尚、商业魅力和传统品质的独特结合。

Reed Krakoff 在 COACH 的职责包括产品设计与开发、店铺设计、商品视觉效果、广告及所有市场沟通。 2006 年开始，他又充当了 COACH 全球平面广告的摄影师，这一兴趣的背后，蕴含了他对艺术、建筑、书籍以及美式设计传统元素的无限热爱。

4. 产品系列

早在 70 多年前，第一款以手套鞣革制成的手袋就确立了 COACH 的经典风格。 今天，COACH 的耐用品质和独特设计更是享誉全球。

COACH 现已跻身为一个涵盖手袋、商务包、休闲与旅行用品、鞋类、手套、外套、手表、丝巾、太阳眼镜、珠宝、香水及相关配饰在内的全方位美国品牌。 首屈一指的设计、平易近人的奢华、新颖的营销模式，COACH 精品店已成为全球崇尚时尚人士的必往之地。

今天，当初的手套鞣革仍深深根植于 COACH 的传统，而种类更为齐全的皮革、织物和其他材料已经全面融入 COACH 的产品。 就好像当初球迷们在纽约扬基棒球场欢呼贝比·鲁斯（Babe Ruth）来到主场一样，今天的 COACH，光芒万丈，璀璨迷人。

自 1941 年以来，COACH 虽然已经历了翻天覆地的变化，但其精髓始终未变，其与众不同的耐用品质、功能和款式仍为构建品牌的基石。

品牌历史

1941 年：在纽约，Miles Caha 创建了 COACH 品牌。

1962 年：传奇设计师 Bonnie Cashin 加盟 COACH，并设计出首款受购物纸袋启发而来的皮包。

1963 年：首个广告刊登于美国的周刊杂志《纽约客》。

1973 年：Duffle Sac 皮包（水桶包）上市。

1979 年：Lew Frankfort 先生加盟 COACH。

1980 年: 推出第一本产品目录。

1981 年: 首家纽约专卖店在麦迪逊大街 754 号开张。

1985 年: Sara Lee 公司收购 COACH。

1988 年: COACH 首家专卖店在东京开张;

男女腕表系列上市。

1992 年: 成衣系列上市。

1994 年: 纽约旗舰店在麦迪逊大道 595 号开张。

1996 年: 设计师 Reed Krakoff 先生加盟 COACH。

1998 年: COACH 拓展国际市场;

推出第一个混合材质的包包;

授权生产 COACH 男女手表。

1999 年: coach.com 美国官方网站建成;

推出男女鞋系列。

2000 年: COACH 成为上市公司,并启用纽约股票交易代码 COH。

2001 年: Reed Krakoff 首次获得美国时装设计师协会(CFDA)颁发的年度最佳配饰设计师奖项;

推出 Signature(标识)典藏系列。

2002 年: 日本东京银座首家旗舰店开张。

2003 年: COACH 推出眼镜及太阳镜系列;

日本东京涉谷店开张。

2004 年: Reed Krakoff 第二次获得美国时装设计师协会(CFDA)颁发的年度最佳配饰设计师奖项。

2006 年: Reed Krakoff 开始亲自拍摄 COACH 平面广告;

中国台湾中山旗舰店开张;

首饰系列上市;

欢庆 65 周年庆,推出根植于历史中的 Legacy 系列。

2007 年: 第一款香水上市;

东南亚首家旗舰店开张;

Reed Krakoff 担任 CFDA 副主席一职,象征其于美国时尚界的重要地位。

2008 年: 5 月,中国香港首家旗舰店在中环皇后大道中开张;

8 月,完成接管原俊思公司经营的香港业务;

11 月,完成接管原俊思公司经营的澳门业务。

2009 年: 4 月,完成接管原俊思公司经营的中国大陆业务;

2010 年: 4 月,在上海的香港广场开设在中国大陆的首家旗舰店;

2011 年: 欢庆 70 周年庆,推出 Madison 麦迪逊 Chevron 雪佛龙 Lindsey 手提包;

9 月,COACH 在伦敦开设了欧洲第一家旗舰店。

11 | 快时尚品牌 Etam 产品开发流程优化

Etam

品牌中文名称 艾格
品牌英文名称 Etam

品牌概况

注册年份：1915 年

注 册 地：法国

经营品类：休闲时尚女装

经营市场：欧洲 法国、西班牙、葡萄牙、比利时、卢森堡、德国、意大利、波兰、瑞士等
亚洲 中国、日本、沙特阿拉伯、黎巴嫩等国家

经营规模：截至 2010 年 12 月 31 日，Etam 集团全球店铺总数为 4 200 家（包括直营和特
许经营），比 2009 年增长 9.5％；其中中国 3 044 家，欧洲 988 家（法国 725
家），其他国际特许经营店 168 家

经营业绩：2010 年 Etam 集团全球销售额为 11.35 亿欧元，较 2009 年同比增长 11.2％；
2010 年在中国销售额 3.83 亿欧元，较 2009 年同比增长 38.1％

上市与否：1997 年 Etam 法国公司正式进入巴黎交易所上市，2012 年 2 月市值 1.23 亿
欧元

品牌官网：http：//www.etam.com

市场评价：Etam 集团主打品牌 Etam 以时尚的风格，变化多样的款式，新颖别致的色彩，
合理适中的价格，热情周到的服务成为年轻女孩最熟悉、最亲切的品牌。

Etam 全新概念店铺陈列
（2010 年开张，位于上海复兴中路）

摩洛哥公主 Charlotte Casiraghi、超模 Kate Moss、
YSL 创作总监 Stefano Pilati 出席 ETAM2011 春夏展

Etam2011 冬季媒体预览会

案例诉求

快速反应——缩短产品开发流程。

协助 Etam 品牌部门制定服装开发、供货周期及业务流程的优化运作方案，从而建立具有 Etam 特色的服装快速反应体系，缩短产品开发及供货周期，提升品牌经济效益，延伸品牌社会价值。

营销问题

1. 整体企划的有效信息支撑需要提高

Etam 设计企划是依据流行信息、市场销售及顾客反馈信息，将信息反映至企划方案中，并对产品流程进行规划。但在实际操作过程中，从销售部门反馈信息的系统性尚不健全，设计人员工作繁忙，深入市场的时间不充分，对设计方向的把握主要根据个人风格与喜好，整体性不强。

2. 公司层面的总体企划和运作方式需要创新

设计企划时，由于对面辅料、色彩、廓型的把握不够明确，设计小组会花费较多的时间用于反复的调整，影响面辅料花板的下达、版样及样衣的制作。由此需要公司层面建立高效运作的整体企划团队对面辅料及款式选择与开发进行统筹规划，控制时间节点和进度。

3. 分工协调、开发效率有待改善和提高

Etam 集团共有六个品牌，每一品牌相对独立运作。各品牌设计部分为三个设计小组，每个小组独立负责一个故事的策划。各小组进行策划、设计时，以本品牌以往畅销款、竞争品牌或标杆抓款的方式，进行面辅料、色彩、廓型的填充，对于面料、辅料、色彩、廓型的总体规划与分工尚需进一步明确。

营销对策

通过案头解析、主要产品供应商走访、各品牌和支撑部门关键岗位人员访谈、目标消费者调查、FG 深度访谈、店长问卷调研等多种方式，剖析 Etam 公司在组织架构、运作方式、业务流程、信息化技术、供应链管理、品牌经营等现状；通过对现有流程的各个环节在时间顺序上进行梳理，进行面辅料合理规划、产品品类比例调整、外部供应商协调控制等，实现设计流程优化和品牌服装适应消费者需求的快速反应。

营销过程

1. 面辅料合理规划

如表 1 所示，面料企划的前期，由总企划部、产品部、设计部、生产部及支撑部门形成面料企划协同团队，参考历史标准信息库，结合流行信息及销售信息等，进行面料、品类、开发比例及生产规划，最终确定面料企划提案。面料企划提案包括：产品部主导的库存及历史信息备料体系；设计部的新花板设计；生产部主导的供应商生产计划协同体系。三个部门组成协同小组，依据总企划部的规划，下达面料花板指令，采取协同小组投票的方式确定面料品类、

新面料开发比例等。面料样由产品部、设计部确认后进行面料大货生产，并由质检部（QC）进行检验。

表1 面料企划流程

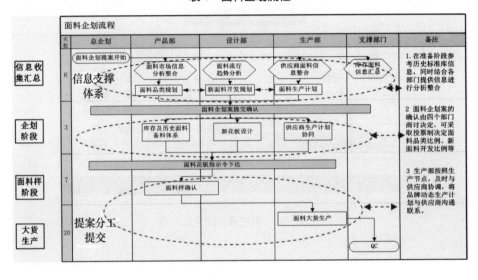

注：由于面料企划流程中不涉及样衣制作及成衣大货生产，流程天数仅由面料流程决定

2. 产品品类比例调整

在产品品类企划时，先确定每个大类产品结构（每个大类多少款式），再按系列或风格细分（确定款数）。针对不同品类，进行不同的面辅料企划方式（见表2）。

表2 产品品类配比

品类分类	比例（%）	利润（%）	说明
基本款（Basic）	30	40	根据历史销售情况，提前备料
核心款（Core）	50	40	体现品牌特色，提前企划面辅料，一款面料开发2～3款服装
流行款（Fashion）	20	20	通过抓款、高单价体现品牌时尚性

3. 外部供应商协调控制

供应商协同方案包括供应商调研、供应链协同体系设计，以及基于供应链协同的组织结构再造建议。

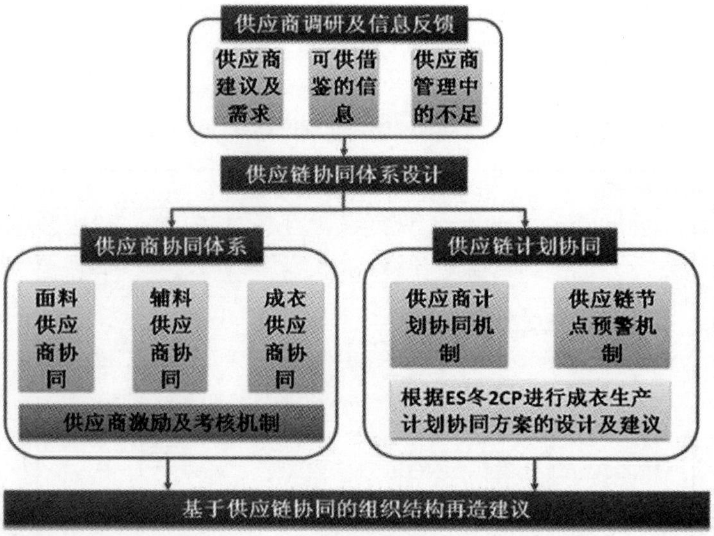

图 1　Etam 供应商协同方案示例

营销结果

产品周期优化方案基于 Etam 现行的产品企划流程，通过对现有流程的各个环节在时间顺序和工作内容上做出相应的调整和改变，将整个产品开发和供货周期从 161 天缩短至 90 天，使产品企划各个阶段的工作更为规范和高效，准确迎合目标市场的需求，提升了品牌业绩和市场占有率。

理论依据

1. 流行的生命周期理论

每一种流行都有周期性，这是因为流行总是逐渐变化的，以使消费者逐渐接受新的组合和新的形象。每个季节，消费者都会见到一系列设计师介绍的新款式，一些款式很快被淘汰，但另一些在一定时间内被接受——作为企业，通常可用销售额来衡量。流行的周期变化可用一系列钟形曲线描述，通常分为五个阶段，类似于一般的产品生命周期：导入期、成长期、鼎盛期、衰退期、消亡期。

根据生命周期理论进行总体企划模式调整：全年产品企划周期按时装季节

可分为春夏和秋冬两季，根据季节特征和时间进程对全年货品进行整体规划，主要包括产品企划、上柜和销售时间，各时段产品的构成和内容，结合产品的销售季节、生命周期划分不同时间段内的工作内容，宣传促销主旨等，形成季节企划的循环模式。

2. 时间统筹法

所谓时间统筹法，是应用网络图进行计算，运筹时间，降低时间无谓消耗的做法，又称作计划协调技术。 一般说来，先是将某项复杂的任务分解成许多"作业"与"事项"，将两者用符号箭头连接起来，这便是网络流程图；接下来在图上找出完成这项任务花费时间最长的一条路线，即所谓"紧急路线"，再寻找紧急路线上可以缩短的时间，以节省各个任务的完成时间。

根据时间统筹法将产品开发流程由"串联"改为"并联"：通过对品牌运作实际情况的解析，现有的企划流程中存在较多的缓冲时间，某些环节在运作时因缺乏时间节点的控制造成了时效的浪费。 因此，基于产品开发的基本规律和方法，在不增加工作量的前提下将原有工作流程中串行的各个工作环节进行调整，使部分工作内容前置，若干流程并行运作。 如此，可缩减产品开发周期时间，同时通过设立相应的进程控制节点将缓冲时间限定在一定的范围内。

案例分析

Etam 品牌缩短产品开发流程：面辅料合理规划——产品品类比例调整——外部供应商协调控制

分析结果

快速时尚经营原则为"企划时间距离上市越近，越能满足市场和消费者需求"，Etam 品牌控制产品开发流程时间节点，将工作环节从串联向并联进行调整，着眼于整体企划协调统筹，提高工作效率和品牌运作规范性。

109

思考题

1. Etam 品牌实施产品开发流程优化的意义何在？

2. 快时尚品牌产品开发流程优化的主要路径有哪些？

3. 自主品牌创新是企业转型与发展的利器，新创品牌如何借鉴案例品牌开发流程实现面向市场的快速反应？

阅读参考

品牌简介

1. 品牌特点

每一季的 Etam 都为钟爱"她"的消费者送去无数的惊喜。 设立在上海的设计中心，汲取法国的流行讯息并在资深设计师的精心策划下，融合年轻都市女性追求时尚潮流的需要，精心推出一系列以不同故事为主题、易于搭配的精美时尚服饰。 清新亮丽的色彩，简洁流畅的风格，使活力自信的女性自由地演绎出个人风格。

2. 品牌服饰风格定位

Etam 致力于为 25～35 岁的中国女性提供优雅、精致、柔美的休闲装，提供满足正式感和时尚感的得体实用搭配，以较高的品质、大众的价格让顾客体验到时尚。

3. 款式和面料特征

Etam 强调修身合体的造型、精致一流的细节设计，如抽绳、珠片、刺绣、印花等，创造出不同风格的年轻女孩形象。 而轻、薄、软成为面料流行的主旨。 春夏服装中，大印花面料、棉麻等得到了很好运用；而秋冬服装又以涂层面料及垂感、手感较好的化纤和纯羊毛为主。

品牌历史

1915 年：Max Lindeman 在德国中心的柏林开设了第一家以"Etam"命名的卖袜子的零售店。 "Etam"品牌由此诞生。

1928 年：Etam 在巴黎的 Saint-Honore 街 376 号开设了一家专卖店，并将公司的总部移至这个世界上著名的时装之都。

1994 年：法国 Etam 集团在中国的分支企业上海英模特制衣有限公司创立。

1995 年：中国的第一家 Etam 店铺在上海开幕。

1997 年：Etam 法国集团公司正式进入巴黎交易所，成为上市公司。 Etam 在中国已成功开设了 723 家零售店，年销售额超过 9 亿人民币。

1998 年：休闲系列 Etam Weekend 问世。

2000 年：Etam Lingerie 内衣系列亮相中国。

2002 年：休闲品牌 ES 诞生。

2006 年：休闲男装品牌 EHomme 闪亮登场，成为 Etam 集团的一大突破。

2008 年：面对更关注流行趋势、更注重自我体验的中国消费者，Etam 将给中国市场重新带来全球同步"全新的我"的时尚价值观。随着法国设计师全新呈现的 Etam "全新的我"新形象店铺的逐步引入，Etam 在中国的事业开启了全新的篇章。

2010 年：Etam 集团推出了新的牛仔品牌 E&JOY。

12 | 依文，不仅仅是服装

依文 **EVE de UOMO**

品牌中文名称 依文
品牌英文名称 EVE de UOMO

品牌概况

注 册 年 份：1994 年
注 册 地：中国
经 营 品 类：服装、服饰、职业装、礼品、国际品牌代理及文化创意等
经 营 市 场：中国
经 营 规 模：截至 2011 年 12 月底，在全国各重要城市店铺达 435 家，其中 80％为自营店铺
经 营 业 绩：2011 年销售额共计 14.5 亿
上 市 与 否：否
品 牌 官 网：http：//www.evefashion.com

市场评价：依文，一个地道的北京原创男装品牌，用国际化的语言从容地诉说男人的时尚
美学，扎根于文化，探寻男人内心最深处的情感诉求，创意拼接经典，低调对
接华丽，依文意欲在这个国际同质化的舞台上发出无与伦比的时尚呐喊。正
是依靠这种无所畏惧的大胆创意，颠覆传统的情感营销及深厚的人文关怀，使
依文品牌毫无悬念地成为中国男装领域的翘楚。

依文 2011/2012 秋冬广告大片

依文 2011/2012 秋冬产品

依文 2011/2012 秋冬产品

依文董事长夏华女士

依文办公楼

依文店铺

依文店铺

案例诉求

品牌营销策略之情感营销——通过情感营销赢得消费者的认同、信赖和偏爱。

依文营销的精髓是赢得顾客的心，进而赢得市场，所以依文开始了情感营销，做的每一件事情都是想办法去感动顾客，去撞击顾客的心灵。

营销问题

在过去，传统的男性消费市场可谓是"一夜情"时代，很多男人在被问及身上穿的衣服是什么牌子时，却答不上来。如今已进入体验经济时代，品牌消费应运而生。在激烈、残酷的市场竞争中，商品的同质化和易模仿性使企业的管理者们纷纷意识到了品牌的强大竞争力。市场上琳琅满目的男装品牌，乍看起来并无多大区别，消费者可能随意地购买了一件衣服之后，却难以对这个品牌产生很深的印象。所以在激烈的市场竞争中，怎样使"依文"以鲜明的品牌个性在所有的男装中跳脱出来？

营销对策

依文，不仅仅是服装。 依文在品牌背后对消费者的情感进行深层探究。

依文，不同于其他商务休闲类产品，区别于传统产品营销方式。

依文倡导的是情感文化营销，通过情感定位、情感文化主题、情感吊牌、试衣间文化、依文主张、情感音乐故事、情感服务、情感广告来关注男人的情感。 依文主张责任，崇尚情感。 依文男人因情感而可爱、因宽容而成熟、因责任而崇高。 依文，不仅仅是服装……而且是情感与责任，是珍爱与关怀，是理解与体贴。

营销过程

1. 情感定位

依文打破了常规的男装或以年龄定位或以价格定位的局限，而以情感来定位。 依文，不简单用年龄、阶层来区分男人，而是不经意间常常感动着这些平凡而"成功"的男人，献给所有尝试了幸福、挫折、荣誉之后决不放弃未来生活的男人。 在依文的眼里，每一个踏踏实实演好了自己在生活中、社会中角色的男人都是成功的。 也许这些男人一生中从未享有过鲜花和掌声，但是在他的家庭里，他是顶梁柱；在父母的眼里，他是孝顺的儿子；在孩子的眼里，他是英雄的父亲，尊敬的偶像；在妻子的眼里，他是承载一生幸福的港湾，是值得信任的丈夫。 所有这样的男人都值得依文尊重和用心服务，依文就是献给这些兢兢业业、踏踏实实的平凡而伟大的男人。

2. 情感文化主题

大主题的营造让男人们有了某种情感寄托和反思，而作为一个服装品牌，依文已经将责任上升到了社会情感的层面。 从 2001 年至今，依文策划了六届情感主题展。

（1）2001/2002，《俺爹俺娘俺自己》

生命在于感知，人的生命之所以可以完美，就在于对自身、世界永不休止的感知。 生活中众多种类的艺术，究其根源都是生命中艺术的再现，只有开放状态的心灵才可以触及到最内在、最本质的存在。

（2）2002/2003，《思念² ＝故乡》

每个人都有一条带暗示感脉络的感情线，每个人都沿着情感的轨迹行走在宿命里。 家，是一个人出发的地方，也是完美的情感回归线上最迷人的巢。世界上的路走得足够多，看过了无数迷人的风景，归属感的核心之巢会盛满最强烈的思念。 故乡，游子永恒的牵挂！

思念² ＝故乡

（3）2003/2004，《风雨中的美丽》

男人是坚硬的，依文视野中的男人是坚韧的，在狂风暴雨袭来的时候，男人以支撑的姿态演绎出生命中坚韧不拔的美。 《风雨中的美丽》源于 2003 年非典，宣扬人们在危难时刻互帮互助、携手共进的精神。 以女人为坐标，可以见证财富；以男人为坐标，可以见证生命的深度和韧度。

（4）2004/2005，《虚度》

每个女人的年龄都属于秘密，每个男人的年龄都属于纪念，每一个年龄段上的男人都通过真实的行为被世界认证，每个男人都要站在那个年龄的尺度上，接受灵魂的拷问：“你，虚度了吗？”

虚度

（5）2005/2006，《卡在喉咙里的欲望》

男人是复杂的，男人的感情在欲望的火焰中提纯，每个男人都在责任、
欲望、承担、梦想的通道中行走。 男人是依文心中的最爱，男人心之深处
封闭着的伟大的情感与灵魂是依文心中的瑰宝。 《卡在喉咙里的欲望》将
男人无法言表的情感与灵魂绘制成最美的图腾，与依文一起成为一个永恒
的传说。

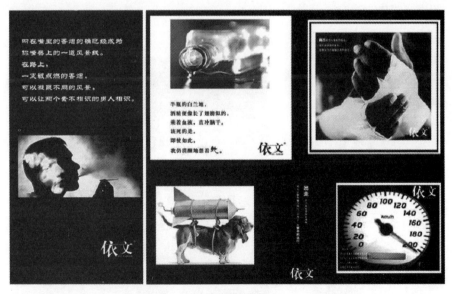

卡在喉咙里的欲望

（6）2006/2007，《错过》

人的一生有多少错过：错过青云之志；错过初恋之人；错过父母之恩；错
过兄弟之谊；错过夫妻之乐；错过舐犊之情……

117

错过

3. 情感吊牌

依文的每件衣服上都有一个精致的吊牌，上面寄托着能与顾客引起共鸣的情感故事，如"故乡"、"爹的胃病"、"虚度"、"卡在喉咙里的欲望"等主题。吊牌上选择性地记录了中国数十万个男人平凡而伟大的故事，系在衣服上，传播给不同的客人。买了一件衣服，就了解到一个男人的故事。于是这个故事，便在你和你的朋友中传播开来。依文这些年一直用这种情感故事，把一份平实的情感传达给自己的客户。

依文情感吊牌

4. 试衣间文化

每一个细节都能传递一种美感，漂亮的试衣间有大量精美的细节可以捕捉，就像捉到一只只美丽的蝴蝶。顾客在试衣时，试衣间内张贴的依文为顾客精心准备的精美图片信息，内容包括流行音乐、畅销书、美食推荐等信息以及依文情感话题，让顾客在试衣时也能汲取信息，感受依文情感关怀。

5.《依文主张》

拥有好的企业文化，一定要有一个好的载体。《依文主张》承载着依文人的文化梦想，每一个栏目都有她独特的视觉与品位，将更多依文人的主张用视觉传播的方式呈现给您。

依文主张

6. 依文情感音乐故事和音乐会

由依文创始人夏华女士亲自甄选，4 首感人至真的动听歌曲伴随着娓娓道来的亲情故事，与大家共同分享一段有关父亲、有关爱和感动的旋律，让心灵踏上一条回家的路。2010 年 1 月，依文携手著名小提琴演奏家吕思清在重庆面向企业 VIP 客户举办了一场音乐会，夏华认为小提琴以及吕思清本人的气质都诠释着男士的优雅，通过音乐会的形式——不商业售票，只有每个城市的 VIP 用户可以看到，不但作为向顾客的增值服务，也是企业理念同顾客的沟通和传递。

7. 情感服务

2003 年情人节，依文从 16.8 万北京会员中选出 8 万名男性会员，通过速递公司把精心准备好的甜点、玫瑰和卡片送到客人手里。当朴实的中国男人收到一份暖昧的礼物：一份甜点、一朵玫瑰，身边的同事都露出羡煞的眼神。男人也很奇怪，有的还很诚恐，许多人藏着掖着将礼物拿到了洗手间，偷偷拆开一看：一张粉色卡片上写了一句话"永远的情人，依文。"头顶的汗"噌"的就出来了，这是哪里认识的女人啊？！许久才终于想起，这是自己买的西装带来的惊喜。那一天，"依文"两个字传开了。精细化服务是依文永远追求的管理环节之一。在情感的笼罩下，客户管理中心将依文的服务做得贴心周到、缜密入微，将情感营销做得有章有法、有情有义、更体现出品牌完整统一和张弛有度的责任感。依文为客人举办婚礼、举办生日 PARTY、照顾客人生病的家人，或者做任何一件帮助客人的事情，都有专人策划服务，这就形成了依文的客户管理中心即依文管家部。

8. 情感广告

一个深入人心的品牌一定是要有主张的。依文主张责任，崇尚情感。依文男人因情感而可爱，因宽容而成熟，因责任而崇高。依文品牌男装 TVC 广告之《木偶篇》通篇以一个女孩为主题来演绎依文男装的独特情感诉求。女人从阵痛开始了解生命，男人从依文开始感悟生活。依文最了解一个真实男人的压力，因为你想，给父母美好的晚年，给儿女最好的教育，给妻子温馨的家……依文，不仅仅是服装！

营销结果

① 从 1994 年成立至今，依文集团发展已逾 17 年，企业逐步发展壮大，相继创建了依文 EVE de UOMO、诺丁山 NOTTING HILL、凯文凯利 Kevin Kelly、杰奎普瑞 JAQUES PRITT、EVE CINA 等高级男装品牌，业务范围扩大到服装、服饰、职业装、礼品、国际品牌代理及文化创意等领域。依文的大胆创意、情感营销及人文关怀，给予依文品牌强力支撑，使其成为中国男装领域的翘楚。

② 截至 2011 年 12 月 31 日，在全国各重要城市店铺达 435 家，2011 年销售业绩达 14.5 亿元。

③ 依文集团系"ISO9001：2001 质量管理体系认证"、"ISO4001：2004 环境管理体系认证"双认证企业。

④ 集团旗下品牌长年以来相继获得"中国驰名商标"、"北京市著名商标"、"北京十大时装品牌金奖"、"中国服装品牌年度大奖"等多项殊荣，曾代表中国服装品牌企业远赴巴黎参展，并为中非国际论坛、08 年奥运会、国庆60 周年华诞等诸多重大盛事设计制作服装。

理论依据

1. 情感

《心理学大辞典》中认为："情感是人对客观事物是否满足自己的需要而产生的态度体验"。 同时，一般的普通心理学课程中还认为："情绪和情感都是人对客观事物所持的态度体验，只是情绪更倾向于个体基本需求欲望上的态度体验，而情感则更倾向于社会需求欲望上的态度体验"。 影响消费者情感的因素有：商品本身，包括商品的品牌、质量、价格、包装、广告诉求等；购物环境，包括店铺布局、陈列、导购人员服务态度、卖场氛围等；消费者的心理准备，如消费者获知品牌促销活动前来购买时，会对价格的折扣力度有一定期待的心理准备，或如消费者在得知某品牌服务非常好的前提下前去购买时，会对店铺导购提供好的服务有一定的心理准备。

2. 情感营销

是指通过心理的沟通和情感的交流赢得消费者的信赖和偏爱，进而扩大市场份额，取得竞争优势的一种营销方式。 企业要想与消费者建立长期的密切关系，提升消费者对企业的满意度与忠诚度，并且真正地使这种情感得以延续下去，必须找准八个关键节点：

其一、情感定位，建立情感竞争区隔。 需要对目标群体进行重新认识，围绕消费者需求，找准情感诉求的核心点，并提炼出有针对性的情感主张，进而使产品和服务进一步满足消费者核心利益。

其二、质量，情感营销得以运作的基石。 情感产品贵在消费者的情感满足，而这种满足首先必须建立在品牌给消费者带来优质、安全、可靠的产品质量基础之上。

其三、价格，情感的预期表现。 情感价格是指满足消费者情感需要的价格，根据不同的价值认同而产生。 通过从消费者的习惯性心理、荣誉感、满足感等心理因素和情感需求入手，制定出迎合消费者心理的价格。

其四、包装，情感的无声推销员。 现代商品的包装已不仅是安全性、便利性、保护性等简单功能的展现，更要体现一个"情"字。

其五、广告，引起情感共鸣的有效手段。 情感广告需从情感角度出发，引起消费者在某方面情感的共鸣，更注重感觉、真情实意。

其六、公关，传递情感形象。 通过公关活动，增加消费者与品牌的接触，加强与消费者的情感沟通，更深层次的传递品牌的情感形象。

其七、信息交流，维护情感成长。 时刻与消费者保持联系，收集消费者的信息、意见和建议，并对信息加以分类、整理、建档，维护消费者与品牌之间的情感增长。

其八、服务机制，促进情感忠诚。 完善的服务机制，不是指传统的售后服务，它贯穿于整个营销过程，讲求的是心灵的沟通，强化消费者的品牌忠诚，表达的更是对消费者的人文关怀。

案例分析

在品牌竞争、品牌同质化的时代，依文品牌如何在众多男装品牌中脱颖而出，依文颠覆了传统的营销，确定了情感营销策略。 依文通过情感定位，目标消费群为平凡而"成功"的男人，即所有尝试了幸福、挫折、荣誉之后决不放弃未来生活的男人；在保证依文产品精美高品质的基础上，确立了中高档的价格定位；通过情感文化主题、情感吊牌、试衣间文化、依文主张及情感音乐故事持续不断的维系与顾客的情感关系；通过情感广告，如 TVC 广告之《木偶篇》演绎了依文男装的独特情感诉求；再通过精细化管家式情感服务给依文男人带来惊喜和尊贵体验。 依文通过情感营销来关注男人的情感，来撞击依文男人的心，为品牌注入了更多的文化内涵，以保持外表与内涵同样的完美。 依文通过情感营销，积累了越来越多的忠诚客户，确定了男装品牌翘楚的地位。 依文的营销结果与销售实绩证明了依文情感营销策略的效果。

分析结果

① 一个品牌想要深入人心一定要有自己的品牌个性和主张。

② 品牌无形价值的构建与消费者的情感密切相关，消费者的情感极大地影响着他们对品牌的选择和偏爱。

③ 服装品牌，绝不仅仅是一件穿在身上的产品，更多的是融合了一种产品和文化，融合了人与人之间的关怀、体贴和信任。真正的情感营销是一种人文的关怀，一种心灵的感动。

案例思考

情感营销如何在情感定位之下极致展开？

思考题

1. 依文如何在情感定位之下展开情感营销？
2. 您认为依文该如何延续情感营销？如何开启提升品牌价值的新空间？
3. 依文的情感营销策略对其他服装品牌或新创服装品牌有何借鉴？

|阅读参考

品牌简介

① 自依文以情感定位问世以来，依文始终如一倾情于情感营销。依文每年都会延续情感文化主题静态展，通过情感吊牌、情感故事、依文主张和依文音乐故事、音乐会、情感服务等多种方式建立并维护与顾客的情感联系。通过情感营销，依文在众多男装品牌中脱颖而出，并通过依文情感时尚文化展等在业内传播依文的情感营销，树立起依文在服装业内的影响力。

② "文化是品牌的终极竞争力，创新力与文化力成就了依文的昨天，也依然可以实现依文明天的梦想。在中国传统文化这样一个有着几千年厚重的历史积淀上提升中国品牌的价值和分量是我们的骄傲，也是我们义不容辞的责任！"依文董事长夏华如是说。

依文人通过研究中国传统文化，不断提升依文品牌的文化符号价值。

③ 依文还开展企业直接经济营销体系之外的活动以实现企业的社会责任与社会价值。继 2005 年开始连续两年出巨资用于治理内蒙阿拉善区域沙漠化之后，依文在人民大会堂与共青团中央一起启动了"依文·感动中国青年的创业榜样事迹展"，以文化展览、演讲以及捐赠希望小学的多种形式在全国 20 个中心城市巡回举行以"宣传创业榜样、促进青年创业"的社会公益品牌形象出现在区域市场，开启新的提升品牌价值的空间。

品牌历史

1994 年：北京依文服装服饰有限公司成立，创建"EVE（依文）"品牌。

1997 年：EVE（依文）品牌被国家信息中心信息资源开发部、北京市商业委员会评为中国增长速度最快的男装品牌。

1998 年：EVE（依文）品牌被国家信息中心信息资源开发部、北京市商业委员会评为中国市场最受消费者欢迎的优质产品。

1999 年：EVE（依文）品牌被国家信息中心信息资源开发部、北京市商业委员会评为中国市场畅销品牌与消费者满意产品。

2001 年：推出依文黑皮书《主张》，掀起了一股情感时尚的旋风。
依文情感时尚"俺爹俺娘"静态展在全国重点城市巡展。
创建"NOTTING HILL 诺丁山"品牌。

2002 年：被评为中国最受消费者欢迎的十大男装品牌、连续四年无投诉产品、用户满意产品。通过 ISO9001：2000 国际质量体系认证。
创建了"KEVIN KELLY 凯文凯利"品牌。
依文情感时尚主题展：思念^2 = 故乡。

2003 年：举办"依文首届中国国际服装买手财富峰会"。
非典过后，依文策划举办了情感时尚主题展："风雨中的美丽"。

2004 年：依文品牌男装获国家服装质量监督检验中心全国西服抽检"一等品"荣誉称号。
推出依文黑皮书"依文情感时尚——虚度"。

2005 年：3 月 28 日，依文品牌在 500 余家企业中脱颖而出获得"中国服装品牌年度大奖创新大奖"。
在中国服装论坛上，获得"最具中国精神价值和中国文化价值服装品牌奖"。

2006 年："北京服装纺织行业职业装设计研发中心"落户依文。
在中非合作论坛北京峰会期间，依文在 24 小时内为非洲总统快速定制的服装得到了非洲总统和使馆的一致赞许，获得了"中非论坛北京峰会接待先进单位"荣誉。
依文情感时尚主题展——卡在喉咙里的欲望。

2007 年：2 月 10 日，依文获得国家信息中心颁发的 2006 中国时尚个性魅力大奖最佳品牌文化奖、中国服装品牌领袖大奖。
7 月，依文西服评为 2007 年中国纺织服装最具创新竞争力十大品牌。
9 月，依文顺利通过 ISO1400 认证。
依文情感时尚主题展——错过。

2008 年：为北京 2008 年奥运会残奥会开闭幕式全体工作人员定制服装，并获得"北京2008 年奥运会残奥会开闭幕式特别贡献奖"。
依文情感时尚主题展——男人的眼泪。

2009 年：2009 年春节联欢晚会依文品牌为语言类节目提供服装。

第十七届 CHIC 展上，依文企业推出了"依文情感时尚文化展"。

在祖国 60 华诞庆典上，依文为国庆阅兵背景方阵及群众游行方阵十数万人提供服装。

2010 年：依文携手吕思清，在重庆举办了"依文优雅之旅"大型音乐会。

携手 CCTV6《创意星空》栏目，选拔国内新锐设计师打造优雅依文男人。

2011 年：依文董事长夏华女士荣获 2010 中国企业十大女性卓越管理创新人物。

6 月，依文公司荣获 2010 年服装行业双百强企业称号，名列销售利润率第 16 名，利润总额第 39 名。

13 | 服务成就中国的奢华品牌——白领

WHITE COLLAR®

品牌中文名称　白领
品牌英文名称　WHITE COLLAR

品牌概况

> **注册年份**: 1994 年
>
> **注 册 地**: 中国
>
> **经营品类**: 高级女装设计、生产与销售，以及家具、园艺、杂志等辅助性的时尚产业；白领女装涉及职业装、风衣、礼服以及休闲时装，服装配饰和其他产品系列，如丝巾、配饰、裘皮、香水、内衣、皮具等
>
> **经营市场**: 中国
>
> **经营规模**: 白领拒绝加盟和代理分销方式，一律采用自营。截至 2011 年 11 月底官方网站专卖店统计，白领店铺共 38 家，主要集中在北京等北方重要城市，其中包括 3 家面积在 1 500 平方米左右的生活方式体验店，另外还设有 2 家机场白领头等舱店
>
> **上市与否**: 否
>
> **品牌官网**: http://www.white-collar.com

> **市场评价**: 进入高端服装市场可以说是中国服装企业一个可望而不可及的梦想，在中国本土女装品牌中，白领走出了例外，在经历 17 年的磨练后，这个首都北京"土生土长"的服装品牌，俨然已经无可争议地站上了中国高端女装的制高点，成为高端女装市场上民族品牌的杰出代表。

白领 2011/2012 秋冬广告

白领 2011/2012 秋冬广告

白领位于北京的公司总部

白领 fashion house

北京白领时装有限公司董事长苗鸿冰

蓝色港湾视觉空间店

三里屯空间艺术店

三里屯空间艺术店

案例诉求

品牌营销策略之服务——通过服务，赢得顾客的品牌忠诚。

白领以有知识、有品位、年龄在 25～45 岁的女性为目标消费群，她们有较高的教育背景和收入水平，对服装品质要求高，十分注重穿着场合。因此白领以怎样的营销策略赢得目标消费群的忠诚将是品牌必须面对的问题。

营销问题

高端服装可以说是中国服装产业的一个痛，高端服饰市场几乎为国际品牌所垄断。白领，定位于高端女装的中国本土品牌，白领服装价格的高端特性已经明确，但是，与国际服装品牌动辄几十年上百年的历史相比，白领则还是一个非常年轻的品牌，因此，白领以何优势立足于高端女装市场？

营销对策

白领品牌成功的重要因素在于：从售前、售中、售后这三个接触消费者的阶段，支持并不断延续品牌的服务特色，包括：绅士服务、生活情景方式体验店、VIP 顾客管理与差异化增值服务、品牌与顾客的互动、魔鬼的细节服务、头等舱尊贵服务等。

营销过程

1. 绅士服务

20 世纪 90 年代中后期，中国服装零售市场进入到商品同质化时代，服装商品本身已经不能够更多地引起消费群体的青睐。白领在这时推出了个性的绅士服务，以与众不同的方式迅速提升了品牌的知名度。它不单单是绅士服务那么简单，这些男生都经历了严格的培训，他们的身高要在 175 公分以上，每天穿的衣服、鞋子都有规定，他们和顾客保持一定的距离，用舒服的语言赞美顾客，一举一动彬彬有礼。在女性购物时提供绅士服务，不仅在当时是绝无仅有的，在现在也是少见的，体现出白领所倡导的高贵、优雅的生活格调，给顾客不一样的购物体验。

2. 生活情景方式体验店

白领的店面采用了高端、均衡、精选的策略，店铺终端形象高度统一且精致。白领不停变换着主题，始终将终端店铺打造成顾客体验幸福的舞台，让顾客自然而然地沉浸其中。白领相继推出头等舱店、未来空间店、视觉空间店、艺术空间店，为顾客创造不同的惊喜和购物体验。2008 年，白领未来空间店在北京华贸商业街开业；随后，白领视觉空间店在 SOLANA 国际商区开业，独具风格的白领艺术空间店也在国际品牌云集的太古广场 NEWVILLAGE 落户。这三家店面分别引入了绘画艺术、雕塑艺术和装置艺术这三个当代艺术的主流形态，在白领的创意下来诠释时装与艺术的完美结合。在白领的生活情景店的服装区域，会有专业的员工为您进行管家式服务，提供专业的服装服饰搭配解析；到了艺术展览区，则安排解说员讲述展览的构思理念。2008 年 7 月 26

日，"WHITE COLLAR 星辰之旅"艺术展开幕，白领与世界级艺术大师 Hilton McConnico 先生的合作，带给时尚界一次结构性的创意。利用企业与艺术家合作、品牌与艺术结盟，来制造一种优雅、高尚的感受，带给目标顾客及大多数人前所未有的体验。白领强调的是一种体验，也就是希望每个客人在这里购物时，感受到的是一种轻松惬意又不失优雅的生活方式。

3. VIP 顾客管理与差异化增值服务

白领自 1996 年开始引入顾客资源管理系统，经过 17 年的积累，形成了多达十几万人的顾客资源数据库。通过对顾客年龄、性别、生活地域、文化背景、活动场景、喜好、购买产品、身体条件、肤色、职业、家庭成员、购买频率等因素的分析，提供差异化的增值服务。如消费者上一次在店铺里选购了哪款衣服、参加何种场合，当她再一次光顾同一店铺时，专业的导购员会同她交流上次的活动情况以及为她推荐与上次衣服搭配的款式。这样的增值服务给每一个服务对象的感受是特别为她提供的、尊贵的、意外的、感动的，正是这种差异化服务为白领的顾客资源管理系统积累了越来越多的 VIP 忠实客户。

4. 魔鬼的细节服务

白领魔鬼的细节服务贯彻到售前、售中和售后，渗透至服务的各个方面。终端形象设计上，白领非常关注目标消费群体的生活细节，如依季节和节日布置百合、兰花、情人草等不同的鲜花，且店堂的香氛也配合自然的花香。考虑到顾客长时间购物产生的身体和视觉的疲劳，白领还设置了休息区和水吧，通常还有男人喜欢的酒、女人热衷的甜点和孩子爱吃的糖果，顾客可以坐在舒适的沙发上饮用酒水、品尝巧克力、翻阅精美杂志、欣赏液晶电视播放的时尚资讯。这些细节元素和贴心服务提升了品牌的附加价值，不断的提高顾客对白领的品牌忠诚度。在店员服务上，除了彬彬有礼、训练有素的绅士服务，白领的店员将服务做到极致。如在冬天，白领的店员会在顾客一进来的时候递上一个热手宝，让顾客马上感到温暖、舒适和放松。白领独家研发并即将在全国各店推广使用的妆容罩，在试衣时可以保护顾客的妆容及发型，为每一位优雅女性考虑得更周全，是至尊服务和贴心关爱的极致体现。诸如此类的细节服务还有很多，白领团队一直在研究什么是高级服务，得出三条结论：第一要让被服务的人放松；第二要让被服务的人感到愉悦；第三是被服务的人没发现你的存在。试想在如此的魔鬼细节服务、高级服务下，又有哪一个客户会拒绝再度光临呢？

5. 品牌与顾客的互动

白领花费大量的人力和物力在品牌与顾客的互动上，从顾客资源管理系统的建立，到定期的顾客活动；从专门为 VIP 顾客创办时尚杂志，到顾客生日营销及店内小型时装发布会，白领无微不至地从生活的各个方面创造并珍惜与顾客的互动，进而从本质上更加了解消费者。白领品牌与顾客的互动主要体现在时尚活动、顾客参与设计、时尚庄园体验生活上。白领时尚活动突出高端、奢华，充满惊喜和创意。为顾客提供穿着最美丽时装的机会。人们在展示和炫耀自己的美丽时幸福感最强，而白领每年两次的高级成衣发布会和各种高端时尚活动为所有女人提供了这样的一个场所。她们穿着剪裁合体的礼服，优雅地相互碰杯示意，轻声细语地交谈，欣赏着美轮美奂的时装盛宴，这让所有置身于其中的人们除了感受到品牌魅力之外，更加深了对于自己身份的认同和置身于理想与期望环境中的幸福。顾客的参与和设计给顾客带来了更多的体验、满足和惊喜。对高端顾客及重点顾客，白领提供更深层次的着装顾问服务，让顾客直接参与设计创意的每个环节并提出真切需求。最大限度地满足顾客对时尚的品味及个性化的需求，会使顾客对品牌产生进一步信任与追随，让顾客感到她是最优秀的设计师，从而满足了顾客艺术创作的需求。白领还打造了一个只为极少数的追求健康、品位与财富的人服务的花园式小酒店（Fashion House）。Fashion House 的建立标志着白领将时尚经营带入了更高的精神境界，表达出白领一贯倡导的生活方式和精神文化的内涵，不仅创造了中国最豪华、极富艺术文化气息的高级生活空间，更是白领与 VIP 会员之间最深层次的心灵沟通，留给所有白领的顾客最深刻的幸福回忆。白领正是借助这些"额外"的元素和互动，将企业倡导的幸福感营销策略潜移默化地融入顾客的心灵深处。

6. 头等舱尊贵服务

2008 年，北京国际机场 T3 航站楼 A4E2、A4W4 商铺推出白领头等舱店，在白领头等舱您可以享受到八项尊贵服务，其中包括：航班讯息查询服务、机票预定服务、代办登机牌服务、快速安检服务、候机专享服务、机场内旅行物

131

品运送服务、接机送机服务和小件物品快递服务。 凡是白领 VIP 顾客，只需拨打头等舱贵宾专线即可免费享受以上任意服务。

营销结果

① 白领致力于时尚文化事业的传播与创新，立志于打造代表东方艺术的高级成衣，成功运作了 White Collar、Shee's、K－UU、Gold collar 等知名品牌，其中白领已经成为中国高级成衣的领军品牌。

② 1999 年 4 月，亚洲金融危机波及中国，白领逆市出击，推出二线品牌 Shee's，取得巨大成功。 1999 年 6 月，白领单店年销售额首次突破 1 000 万元，白领在金融危机时期却改写了服装行业的历史。

③ 白领为了保持对市场终端的有效控制和销售信息的及时反馈，白领采用 100％自营的方式，主要采用专柜和专卖店的形式，不盲目扩张开店，有效控制终端店铺营销质量。

④ 在以打折为促销利器的市场环境下，白领的价格理念是"永不打折"，却仍然占有很高的市场份额。 "永不打折"体现了白领自身的永恒价值性，是对自身综合实力的肯定，也是对白领忠实消费者的承诺与尊重，保持了目标顾客群身份层级的纯粹性和稳定性。

⑤ 据 2005 年国家信息中心统计资料显示，白领女装销售额占北京市场女装总销售额的 2.5％，且在中国高级成衣市场的市占率超过 10.6％，位居榜首。 2005 年 12 月 31 日，在没有打折促销下，创造出中国服装单店单日 118 万的销售记录。 白领连续多年稳居北京商场女装销售额前列，创造出连续 260 周稳居北京服装零售排行榜第一位的销售神话。 2011 年 1 月，白领女装北京燕莎友谊商城店销售额突破 615 万元，创中国服装品牌单店单月销售额新高，而这 615 万用店员的话来说就是"纯卖出来的"，没有任何的打折和促销。

理论依据

1. 服务

服务是一方向另一方提供的活动或行动，它本质上是无形的，并且不会产生所有权的问题。 服务的生产可能与实体产品有关，也可能无关。 服务具有四个对营销方案设计有重大影响的主要特点：无形性、不可分离性、差异性和不可存储性。每种性质都对服务营销提出了挑战，需要特定的战略解决。营销者必须将无形转为有形，增加服务提供者的效率，提高服务的标准化程度和质量。如何提供能同时最大化顾客满意度和公司盈利水平的服务是非常有挑战性的。在客户关系方面也出现了更有利于顾客的趋势。服务营销如今必须采取全方位营销方式，不仅需要外部营销，还需要内部营销来激励员工，需要互动营销来强调服务的"高技术"和"高接触"的重要性。当顾客认为服务质量差异不大，就会更关注价格而不是供应商，因此，服务品牌必须精于差异化。开发差异化服务的途径之一是超出顾客所预期的基本服务，提供独具创新的特色。顾客的预期在其服务经验和评估中扮演关键角色，公司必须了解每次服务经历的效果从而对服务质量进行管理。即使是以产品制造为主的公司也必须向顾客提供售后服务。为了提供最有力的支持，制造商必须能够识别顾客最重视的服务项目并进行排序。服务组合包括售前服务（便利服务和增值服务）与售后服务（客户服务和维修服务）。

2. 顾客数据库和数据库营销

营销者必须了解顾客，为此公司必须收集信息，存储在顾客数据中，并采用数据库营销。顾客数据库是单个顾客或潜在顾客的综合信息的有组织的集合。这些数据是当前的、可利用的，能实现如下营销目的：生成销售意向、分析销售意向资格、销售产品或服务、维护顾客关系。数据库营销是建立、使用顾客数据库和其他数据库（产品、供应商、零售商）来达成协议、进行交易和建立关系的过程。

案例分析

人们很少看到白领服饰的宣传广告，但在长江以北的高级女装市场上，白领服饰的市场占有率却始终名列第一，这与白领的极致的服务文化分不开，白领的服务文化是一种最直接、最打动人心、最有说服力和传播力的广告宣传。服务是无形的，但白领通过绅士服务、生活情景方式体验店、VIP顾客管理、差异化增值服务、品牌与顾客的互动、魔鬼的细节服务、头等舱尊贵服务等有形的服务举措使得品牌的服务文化深入顾客内心，维系了一批又一批的忠实消费者，从而创造了一个又一个的销售突破。

分析结果

① 在当今市场竞争中，服务是竞争理念的角逐，服务是时尚文化的张扬，服务是消费者最钟情的促销手段之一。

② 服务愈来愈受到服装品牌的重视，很多品牌都制定有服务理念、礼仪和规范，但是为顾客服务能增值的品牌不多，在现代营销服务环境下，服务的核心在于增值服务。

③ 顾客精神层面的需求随着时代的变迁而越来越强烈，如何满足消费者的精神需求，取得消费者情感上的认同成为服务的重点。

案例思考

服务策略如何针对品牌目标消费群极致展开？

思考题

1. 白领如何针对目标消费群进行极致的魔鬼服务策略？
2. 白领的服务策略是否适合其他女装品牌？
3. 白领的服务营销策略对其他服装品牌或新创品牌有何借鉴？

阅读参考

品牌简介

① 白领集文化、时尚、一流为一体，"只为优雅女人"的品牌定位，目标顾客为35~45岁、有文化、有品味、内敛、事业有成的青年女性。白领属于高级成衣产品，整个品牌所传达的是一种典雅、高贵的内涵。在款式上，多采用收腰或直身造型，线条简洁流畅，局部的设计内敛不张扬，整体风格典雅大气，以衣裤套装、衣裙套装、风衣、大衣等为主导产品。色彩上，以浅鹅黄、象牙白、珍珠白、黑、香槟金、高级灰、浅驼、豆沙绿、橙红等为主。面料上，多采用山羊绒、卡其、弹力针织、真丝、毛圈呢等高级品质

面料为主。

②白领公司产品的设计理念是为生活而设计，相关实践独特理论有半步理论和三分之一理论。半步理论即白领的产品研发比市场需求早半步，白领的产品投放比消费者接受水准提高半步。三分之一理论即每一季面料，有三分之一是传统的基础面料，有三分之一是延用上一年的成功面料，还有三分之一是国际最流行的面料。白领面料通常95%为进口，5%为国产。

③白领的价格理念是高价且"永不打折"，保证产品品质以及优质服务特色，避免陷入价格竞争等低层次的竞争领域，始终让白领走在女装品牌的最高端，以高品质、高价位、不打折的奢华形象参与市场品牌运作。

品牌历史

1994年：北京白领时装有限公司成立，创建"White Collar（白领）"品牌。

1995年：白领重新定义中国高级成衣品牌形象，首创推出重磅真丝系列成衣，重磅真丝成为那个时代中国女性的最爱。

1996年：突破传统约束，男生服务引发媒体强烈关注，男生服务成为风尚。创立扁平架构管理体系，白领进入超高速发展阶段。

1997年：与欧洲供应商建立战略伙伴合作关系。白领高级成衣系列4月首次参加中国国际服装服饰博览会，没有服装陈列之概念展位赢得金奖。

1998年：2月，白领获得北京市亿元商场零售排行第一名，白领历史上首场时装发布会隆重举行。8月TCSS顾客完全满意体系开始运行。无折扣销售策略坚定推广。拒绝代理加盟制，建立适合白领品牌的直营营销渠道。推出"精纺麂皮"高级成衣系列。导入CI视觉识别系统，提升白领整体形象。

1999年：4月，推出二线品牌Shee's，主要针对25～35岁的中青年女性，是一个较白领更为婉约、女人的品牌，取得巨大成功。6月，白领单店年销售额首次突破1 000万元，白领在金融危机时期却改写了服装行业的历史，9月推出时装化纯羊绒产品系列，同时推出意大利针织系列，成为20世纪末中国时装风尚。

2000年：2月，白领提出为生活而设计的设计理念及人力资源理论，培训最大福利理论、管理理论、半步理论等；推出品牌服饰系列产品、香水、浴用产品、丝巾、鞋等，使品牌产品更加丰富丰满。4月白领推出高档晚妆系列，礼服生活化。欧洲顶尖时尚团队加盟白领艺术创作工作，为白领带来无限活力。11月推出白领意大利超薄皮装系列，突破皮装传统。

2001年：推出裤装品牌K.UU，与中国服装集团共同主办世界服装竞争力大会。ERP企业资源管理系统全面启动，白领管理进入信息时代。

2002年：白领斥400万元巨资打造中国国际时装周闭幕式，白领首席设计师邢燕独得4项大奖，开中国设计师协会先河，白领成为中国高级成衣代表品牌。中国第一个服装品牌杂志《WHITE COLLAR》创刊。

2003年：白领重磅打造中国国际时装周开幕式，白领设计师付奎获得中国十佳设计师称号，白领成为业内唯一拥有"双十佳"的设计团队。白领品牌家族中最尊贵的品牌金领诞生。中国国际时装周白领再度出击，白领屹立不动连续第260周稳居北京服装零售排行榜第一位。特殊时期，网络白领故事"在特殊的日子里"

135

论坛开通，危难时刻成为大家的精神支柱。

2004 年：白领与《中国企业家》杂志成功举办《中国企业魅力与企业家品味论坛》；白领高级成衣第一次出口美国；12 月 28 日白领乔迁新总部。

2005 年：在中国国际时装周开幕式上，白领主推"来自中国的奢华"；白领在密云紫峡谷的 Fashion House 落成，是白领打造的只为极少数追求健康、品位与财富的人服务的花园式的小酒店。Fashion House 的建立标志着白领将时尚经营带入了更高的精神境界，表达出白领一贯倡导的生活方式和精神文化的内涵。2 月"WHITE COLLAR"的极品时装裘皮以 48 万元人民币在北京燕莎店售出；3 月 28 日荣获"中国服装品牌年度大奖"的"装典中国"风格大奖；3 月董事长苗鸿冰出席 2005 中国服装论坛，演义中国的奢华经典理论。12 月 31 日，创造出中国服装单店单日 118 万的销售记录。

2006 年：荣获北京十大时装品牌，2005 年中国服装品牌大奖第一名、风格大奖。

2007 年：荣获北京十大时装品牌，2006 年营销大奖。

2008 年：1 月 18 日，白领未来空间店在北京华贸商业街开业，白领将时装艺术与绘画艺术进行商业混搭，不仅是在店堂里卖画，而且巧妙地将艺术作品移植到了时装作品中来；2 月 29 日，北京国际机场 T3 航站楼 A4E2、A4W4 商铺推出白领头等舱店，在白领头等舱可以享受到八项尊贵服务。6 月 28 日，白领全球首间视觉空间店在北京 SOLANA 蓝色港湾国际商区隆重开幕，视觉空间是白领又一次伟大的尝试，这是视觉的殿堂，不仅仅只是优雅，这里有艺术的雕塑作品，绅士的贴身管家，更有视觉餐厅及美味的概念餐食；7 月 26 日，"WHITE COLLAR 星辰之旅"艺术展开幕，白领与世界级艺术大师 Hilton McConnico 先生合作，带给时尚界一次结构性的创意，这家位于北京三里屯 New Village（太古广场）的时装店正式对外营业，取名为白领艺术空间店。白领董事长苗鸿冰先生在 2008 年度中国服装论坛主席团轮值主席年度观点发布上提出了幸福感营销是品牌最高层次的理论观点。

2009 年：11 月 9 日晚，白领 2010 春夏发布会与中国时尚大奖颁奖典礼再度携手相约，上演压轴大戏。"幸福 6 号"作为白领 2010 春夏发布会的主题，白领是在告诉人们"今天，白领要带给人们的不仅是时装，还有永恒的幸福"。

2010 年：6 月 12 日，一场名为"时尚北京·白领 2010"的 WHITE COLLAR 秋冬高级成衣发布会在北海寂静上演，这是古老的皇家园林迎来的第一场气势恢宏、与天地融合的现代时装秀。2008—2010 年连续 3 年获得北京十大时装品牌金奖。

2011 年：1 月，白领女装北京燕莎友谊商城店销售额突破 615 万元，创中国服装品牌单店单月销售额新高。11 月 1 日，白领在北京饭店金色大厅举行了 2012 春夏高级时装发布会，主题为"海……"，蓝色梦想，带你一起去看海。

14 | PRADA 从未停止对店铺购物体验的探索

PRADA

品牌中文名称 普拉达
品牌英文名称 PRADA

品牌概况

注 册 年 份: 1913 年
注 册 地: 意大利
经营品类: 服装、内衣、皮件、配件
经营市场: 在 32 个国家和地区经营
   远东（14）：澳大利亚、中国、关岛、日本、韩国、马来西亚、新西兰、塞班岛、新加坡、菲律宾、泰国
   欧洲（13）：奥地利、捷克、法国、德国、希腊、爱尔兰、意大利、蒙特卡罗、俄罗斯、西班牙、瑞士、英国
   中东（2）：阿联酋、沙特阿拉伯
   北美（2）：加拿大、美国
   南美洲（1）：巴西
经营规模: PRADA 品牌计划在 2013 年底将零售店数量扩大至 550 家，其中约一半的数量将在亚洲，中国约有 50 家。在 2011 年 7 月结束的上半年度，PRADA 开设了 29 家店面，在接下来的几个星期内还将增开 15 家，目前的店铺总数已达 358 家
经营业绩: 2010 年的营业额 94.953 9 亿港元，净利升 150％至 2.508 亿欧元，营运盈利则上升 84.7％至 5.359 亿欧元
上市与否: 是，2011 年 6 月在香港上市，市值 986.43 亿港元
品牌官网: http://www.PRADA.com

市场评价: 1913 年，PRADA 在意大利米兰的市中心创办了首家精品店，创始人 Mario Prada（马里奥·普拉达）所设计的时尚且品质卓越的手袋、旅行箱、皮质配件及化妆箱等系列产品，得到了来自皇室和上流社会的宠爱和追捧。今天，这家仍然备受青睐的精品店依然在意大利上层社会拥有极高的声誉与名望，PRADA 产品所体现的价值一直被视为日常生活中的非凡享受。

品牌创始人：Mario Prada

PRADA 第三代掌门人：
MiucciaPrada（缪西娅·普拉达）

138

Heritage Collection 复古经典包

PRADA 米兰店铺   PRADA 新加坡店铺

案例诉求

品牌体验——将品牌体验转化为品牌忠诚

PRADA 品牌注重品牌与顾客之间的互动行为过程，通过令人耳目一新的品牌标识、店铺，鲜明的品牌个性、丰富的品牌联想、充满激情的品牌活动来让顾客体验到时尚、新颖、高水平的服务，从而使消费者与品牌建立起强有力的关系，达到高度的品牌忠诚。

营销问题

奢侈品市场的竞争，同时 Fast Fashion 模式的冲击，PRADA 品牌如何为顾客营造一种强调 PRADA 个性的独特服务体验？ 如何保持这种独特的服务优势？

营销对策

设计科技与人性化的崭新风格体验旗舰店，提供"奢华服务"。 根据时尚的变迁为店铺设计新造型，满足消费者的崭新体验需求。

营销过程

1. PRADA 现代精品店

第一间 PRADA 的现代精品店由建筑设计师 Roberto Baciocchi 设计，于 1983年在米兰开店。 从那以后，这种已经成为 PRADA 店铺标志的绿色，更是被公认为"PRADA 绿"。 著名当代艺术家 Andreas Gursky 在其非常重要的摄影作品《PRADA II》里，把充盈了"PRADA 绿"的店铺空间，直接表现为照片的主体，让人感觉非常震撼。

2. 四大全新购物体验的店面——"焦点（Epicenter）"

1999 年 PRADA 委托都市建筑公司（OMA）和荷兰建筑大师 Rem Koolhaas（雷姆·库哈斯）研究彻底改造其传统零售方式的方法，预计发展四大全新购物体验的店面——"焦点（Epicenter）"。 OMA 受委托为 PRADA 设计三间总店，地点分别位于纽约、洛杉矶和旧金山（第四间位于东京的总店由瑞士建筑师 Herzog & de Meuron 设计）。 纽约总店的店面外观设计完成后，OMA 的分公司 AMO 接手拓展室内的技术系统，设计整套适合于店内使用的技术系统、内容数据库，以及可以将总店与国际互联网联接起来的网站雏型。

2001 年 12 月 15 日，位于纽约 SOHO 区百老汇街 575 号的首间 Epicenter 体验旗舰店开张。 店铺拥有 23 000 平方英尺的空间，波浪形结构的设计为店内创造出一个可进行各种表演的开放空间。 展示鞋子的台阶同时也是可以容纳 200 名观众的观众席。 PRADA 公司和 PRADA 基金会在店内主办一定数量的文化活动，包括电影节目、演讲和系列表演活动。

纽约 Epicenter 体验旗舰店店景

2003 年 6 月 7 日，PRADA 位于东京的全新旗舰店正式开幕。 新店外型新颖别致、极为醒目而独特，由举世闻名的建筑大师 Herzog 和 de Meuron 负责设计，他们也是 2008 年北京奥运会体育场馆"鸟巢"的设计师之一。 新店是一个高达六层的玻璃体大楼，设计理念源自于剔透的水晶。 新店的外墙设计颇具革命性，由数以百计的菱形玻璃框格构成极具现代感的幕墙。 人们既可从店外透视店内陈列的 PRADA 服饰产品，亦可从店内欣赏店外的景致，成为东京的又一著名的新时尚景观。

东京 Epicenter 体验旗舰店店景

2004 年 7 月 16 日，PRADA 全球第三间 Epicenter 旗舰店在洛杉矶开幕，新旗舰店位于贝弗利山 Rodeo Drive 北 343 号，总面积 24 000 平方英尺，三层零售面积总和达到 14 750 平方英尺。 这家旗舰店中的商品包括 PRADA 所有最新男女服饰：成衣系列、运动装、手提包、鞋、配饰和美容用品。 新 Epicenter 旗舰店最显著的特征是没有传统意义上的正门。 整个店面宽 50 英尺，沿 Rodeo Drive 对街开放，正面呈全开放式设计，没有常见的店面大门或玻璃橱窗。 通过调节温度的气帘设计，同时也是得益于洛杉矶的宜人气候，使购物者充分享受到恒温的舒适感。 到了夜间，铝制门帘会从地面徐徐升起，将整间店面严密的锁起。

洛杉矶 Epicenter 体验旗舰店店景

PRADA 总店运用一系列技术更好地服务于顾客：

（1）手提式无线数据终端机

店员可随时掌握最新的存货量和顾客资料，扫描辨识产品和无线射频（RFID）电子标签，通过顾客的个人卡辨识顾客，以及控制整个店中的录像播放。

（2）信息提供

顾客可以在试衣间里直接获取所试穿产品的详细介绍、替换品和补充内容，并且可以将之存入个人的网络账户。

（3）试衣效果

视像"魔镜"不仅可以照到顾客的背部，而且还具有延迟播放功能，多种灯光设定让顾客可改变试衣间内的明暗，试衣间的门还可变成透明，让等在门外的顾客同伴也能看到试衣效果。

（4）网络体系

顾客在店内建立的销售关系将扩展到虚拟的网络世界中。

3. 沙漠店铺艺术作品

2005 年，PRADA 在美国德克萨斯州沙漠中开设一个 PRADA 专卖店 Prada Marfa，该店位于 Marfa 小镇附近，而 Marfa 小镇人口有 2 000 左右。事实上，这也是 Prada Art Foundation 的一个项目，整个店共耗资 10 万美金，店内装饰和一般 PRADA 专柜无异，只是店内无销售人员。这个作品从 2005 年 10 月 1 日开始展览，没有人看管和维修，一直到永远。到底它会使 Prada 2005 年秋冬作品永远留在这沙漠上还是被风化、破坏，被抢劫，就要看造化了……

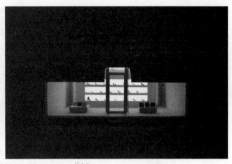

美国德克萨斯沙漠中的 Prada Marfa 店铺

4. 开设临时主题店铺

高档时装品牌都极力想用一种看起来比较自然的方式吸引大众眼光。在经济不景气时期，大品牌一方面不想给人以一种急切推销的印象，这会让消费者对这个品牌的经济状况和运转能力产生不安和负面联想；另一方面，这些高端品牌需要更多的方式来刺激消费，才能让自己熬过这个特殊时期。于是，PRADA 选择了一个比较聪明的方式——开临时主题店。2009 年，巴黎的 Beauvau 街 92 号成为了 PRADA 的临时店铺。这栋由 Roberto Baciocchi 着手设计的两层高建筑约有 570 平方米，里面展示了 PRADA 的服装、包包、饰品和鞋类。之所以为临时店铺，是因为向大众开放的时间到 2010 年 2 月就结束。这家临时店面位于法国巴黎的 Beauvau，主题灵感来源于法国诗人 Apolli-naire 那首不朽之作《米哈博桥》（Le pont Mirabeau）。这首诗至今还刻在法国米哈博桥的桥头。既然是临时店，当然是不会永久开下去的——PRADA 计划让其运营 5 个月。但是在准备工作上，却是下足了功夫。图中可以看到一楼的设计典雅、和谐、直扣主题。所有的毛毡、沙发都选择了淡紫色，与墙壁、楼梯、架子等的青铜色背景色产生视觉上的互补效果。 一楼和二楼的地板都是用黑白相间的大理石铺成，这是典型的古典米兰人风格，1913 年当 PRADA 刚刚开始征战时尚界的时候，最初的店铺就是这样的地板。 为了能够在店铺的主题上真正体现那位传奇诗人的精髓，PRADA 也将《米哈博桥》背刻在了新店的门面墙上。 这样，可以让人们对诗人和那座著名的桥产生最直观的联想。 为了让这家店能够达到理想效果，主要负责的建筑师 Robert Baciocchi 绞尽了脑汁，将店铺设计得像古典的欧洲戏剧的场景，把每一个细节都做得尽善尽美。

巴黎临时店铺店景

5. 四大时尚编辑重装 PRADA 店铺

2009 年，根据四大时装周的顺序，《W》杂志的 Alex White 首先开始纽约 Broadway 店的工程。 《Love》的 Katie Grand 把她的独特视角运用于伦敦 Old

Bond Street 店。 《V》、《Another》、《Arena Homme Plus》和《Love》杂志的独立工作者 Olivier Rizzo 为米兰的 Via Monte Napoleone 店工作。 最后，法国《Vogue》的 Carine Roitfeld 为巴黎的 Avenue Montaigne 店带来她的力作。 这四位拥有强大原创力的编辑以他们的独特设计重新演绎 PRADA 春夏系列的店铺陈列。 这几位非凡的时尚引导者在过去的 10 年中创造了不计其数的令人难以忘怀的时尚影像，用她们最独特的时尚视点影响了全球的流行趋势。 而这次她们的才华在 PRADA 店铺中得到充分展示。 通过此次合作，PRADA 再次展现了在需要不同领域紧密合作的当代，时尚界内部也通过积极的合作创造令人刮目的崭新形象。

Alex White 设计的 PRADA 纽约百老汇店店景

Katie Grand 设计的 PRADA 伦敦店店景

营销结果

无论走到全球哪间 PRADA 专卖店，都能轻松地从那优雅、简约、怡人的店铺设计，以及淡绿色的环境色中，将之辨认出来。

第一间 PRADA 的现代精品店由建筑设计师 Roberto Baciocchi 设计，于 1983 年在米兰开店。而 PRADA 从未停止其在店铺空间的创新，她创造性地提出比旗舰店更让人激动的 Epicenter 的概念。

2001 年，PRADA 在建筑师 Rem Koolhaas 主导的 OMA 团队的帮助下，在纽约的 SOHO，开设出全球第一间 Epicenter，它的宗旨在于建立一个实验性的购物空间，它还包括建立品牌的网站，开发定点的专门化购物工具，采用最新的技术，以及组织新颖独特的活动，如展览、电影放映和音乐会。 这间位于纽约 SOHO 的 Epicenter 所在地曾经是著名的古根海姆博物馆，选址本身便已标识了其与艺术的关系。 店铺的一楼设计是一个公共空间，绵绵不绝的斑马纹木材形成了空旷的剧场效果。 顺着斜坡向下，又经过剧院阶梯座位一般的扶梯，把顾客正式带入位于地下一层的销售空间、在机械装置、高科技电子设备的辅助下，这间 Epicenter 显得生机勃勃，充满了对未来商业空间诗意的想象。 Miuccia 的丈夫 Bertelli 称其为"一种新的语言，一种新的社会形式，一种在很多地方都早已成为人类生活中心的沟通方式。"

此后 PRADA 又乘胜追击，在日本开设新店，之后在洛杉矶又再次由 Rem Koolhaas 操刀设计建造了 PRADA 第三间 Epicenter 店。

理论依据

147

1. 体验经济

是指企业以服务为重心，以商品为素材，为消费者创造出值得回忆的感受，传统经济主要注重产品的功能强大、外型美观、价格优势，现在趋势则是从生活与情境出发，塑造感官体验及思维认同，以此抓住消费者的注意力，改变消费行为，并为产品找到新的生存价值与空间。

体验经济在生产行为上以提升服务为首，并以商品为道具；消费行为则追求感性与情境的诉求，创造值得消费者回忆的活动，并注重与商品的互动。

人们所逐渐认同的核心思想是——要购买那些能够给我们带来个性化生活的东西；要购买那些能够让我们创造自己、了解自己的东西；购买那些能够让我们实现心理自主的帮助和服务。

2. 品牌体验

品牌体验是顾客个体对品牌的某些经历（包括经营者在顾客消费过程中以及品牌产品或服务购买前后所做的营销努力）产生回应的个别化感受。 也就是说，品牌体验是顾客对品牌的具体经历和感受。 当然，"体验"的内涵要远远超出品牌旗帜下的产品和服务，它包含了顾客和品牌或供应商之间的每一次互动——从最初的认识，通过选择、购买、使用，到坚持重复购买。

哥伦比亚大学商学院教授伯恩德·H·施密特在其《体验式营销》中将体验分为感觉、情感、思维、行动、关系五种类型，即 SEMs（战略体验模块）。他认为交流、信誉、产品、品牌、环境、网络和人员构成体验战术工具，每个战术工具的运用都可以和 SEMs 的五个层面进行组合。其中，品牌在表面上是企业产品和服务的标志，代表着一定的质量和功能，深层次上则是人们心理和精神层面诉求的诠释，可以作为一种独特的体验载体。体验营销者将体验这一全新的营销理念运用到品牌中，创造出个性化、互动的营销方式——品牌体验。

3. 视觉营销

视觉营销是市场营销层面上一部分销售技术的总和，这部分销售技术可以使我们向（潜在的）消费者在最好条件下，包括物质和精神两方面，展示我们用于销售的产品和服务。

案例分析

革新传统销售方法：打造全新购物体验旗舰店"Epicenter"；

革新传统店铺服务：奢华的建筑设计、拓展室内的技术系统、内容数据库和网络服务；

主动更新，自我突破：主动更新店铺，借用"外脑"的力量实现突破，引入建筑设计、时尚编辑参与到店铺革新中来。

分析结果

① 随着世界奢侈品牌的迅速扩张，PRADA 品牌也走入各个国家地区，单是规模的扩大会导致不可避免的商业化，如此循环往复下去，就会疏远那些最初使 PRADA 如此成功的重要的顾客群，这群顾客之所以喜爱 PRADA，是因为其既具有意大利时装的典雅，又敢于在设计和材料上大胆尝试的风格。通过"Epicenter"来重塑 PRADA 作为奢侈品牌的形象，无疑是保持原有的顶级顾客的最直接方法。

② 虽然国际知名品牌 H&M、ZARA 等保持迅速复制等经营理念，并且采用 RFID 系统用于全球产品快速反应，但如果想要复制 PRADA 的全新"Epicenter"专卖店还是有相当大困难的。 PRADA 从研究、设计到完成其第一个品牌体验旗舰店花了近 3 年的时间，并斥巨资邀请全球最知名的建筑师和室内设计、系统设计团队，这种顶级服务的背后所需要的巨大财力、人力和时间支持是其他品牌在短时间内难以完成的，也正因为如此，才使得 PRADA 品牌和其"奢侈品"的地位相一致。

案例思考

店铺购物体验是消费者接触品牌的最佳场所，作为奢侈品牌，在店铺体验中引领消费者感受品牌价值。

思考题

1. 虽然中国的奢侈品消费还刚刚起步，但国际众多品牌已经看好中国，纷纷开设旗舰店。 正如 PRADA 亚太区 CEO Mr. Suhl 所言："中国市场是世界上最大也是发展最快的市场。 同时，从历史来看，它有最古老、丰富的文化底蕴。"面对这样一个正在起步且拥有自己的文化氛围的市场，奢侈品牌可以复制在欧洲及其他国家的成功经验吗？

2. 处于中档市场的服装品牌能否借鉴这种体验式服务模式，发展具有自己特色的品牌服务呢？

阅读参考

品牌简介

1. 意大利皇室授权徽章

由 Mario PRADA 于公元 1913 年创立的 PRADA，当初是以制造优质的旅行手工皮件起家，直到 1919 年起，PRADA 成为意大利皇室指定的供货商之后，PRADA 随即被意大利皇室授权，独家使用印有萨瓦盾徽和纹章节的标志至今，不但象征 PRADA 精湛技艺的传统，也代表 PRADA 继往开来的使命。 正因为这个光荣的印记，Mario PRADA 曾以这个标志为蓝本，为一系列的行李箱创作出经典耐用的提花织物，直到多年后的今天，Miuccia PRADA 再度重现了经典的 Heritage 系列。 全新的 Heritage 系列不仅是 PRADA 出色的设计，更重要的是 Heritage 系列代表了 PRADA 历史的传承，而再度翻新的设计也与时下的简约潮流相呼应，这也是 PRADA 最重要的品牌特色。

2. Miuccia · PRADA

Miuccia · PRADA 不仅是世界顶级奢华品 PRADA 的继承人，还是首屈一指的时装设计师。 她自 1978 年开始担纲 PRADA 的设计，1989 年举办了她的首次女装发布，一经推出立刻就引起了轰动。 之后，Miuccia 所设计的男装、女装以及 Miu Miu 系列每年的两次发布，已成了全球时尚人士不容错过的盛事。 Miuccia 说："或许我有种想尝试不可能的个性。 当我发现有些事是不可实现的，那恰恰就是我要努力的方向。 我总是试图把对立的、不和谐的事物融合在一起。 并且，我通常会同时对六、七个不同的概念感兴趣，并试图把它们和谐地表现出来。 我们所设计和生产的基本上是当前市场上没有的东西，所以，每一个系列的问世，都经过了通透的钻研和考查，选用的可能是现代技术，也可能是古老工艺。 例如，当我们决定用金箔的时候，我们就要求法国古老的作坊重新采用他们已经停止使用的原始制作方法。"

3. PRADA 2010 世博会意大利馆制服

2010 年上海世博会的意大利馆，工作人员的制服由 PRADA 设计提供，女士制服鞋为尼龙和压纹牛皮材质的运动鞋，男士制服鞋类材质为尼龙和头层牛皮；这两款制服鞋均采用灰白双色搭配，女款还相间了银色点缀。 2010 年上海世博会意大利政府总代表 Beniamino Quintieri 表示："我们特别自豪能有像 PRADA 这样的合作伙伴，PRADA 是意大利品牌中最具代表性且最受青睐的品牌之一。"

4. 文化艺术基金会

Miuccia 在现代艺术领域的作为也为人们所广知，她和 Patrizio · Bertelli 一同领导着 PRADA 基金会。 PRADA 基金会位于意大利米兰，是个享有国际声誉的艺术画廊。 自 1993 年创立以来，该画廊就为一系列当代艺术家的作品举办展览，例如 Marc Quinn、Walter de Maria、Carsten · Holler 和 Barry · McGee。 Miuccia PRADA 希望此画廊能令米兰 "通过艺术形式为这个时代带来最深层的精神触动"。

品牌历史

1913 年：Mario PRADA 兄弟在意大利米兰开设了一间 PRADA 精品店。 因当时美洲与欧洲的商业贸易与交通商旅频繁，PRADA 就开始专营皮具和进口商品。 Mario PRADA 遍访欧洲，选购精美的箱包、饰品以及服装等供上层社会享用。

1930 年：作为旅行爱好者的品牌创始人 Mario Prada 先生首次推出了旅行 TRICKS 系列产品，当时用于装饰男性汽车仪表板的磁贴。

1978 年：Miuccia PRADA 成为 PRADA 家族的第三代掌门人，并凭借自己独特的设计风格与卓越的经营理念，把手提包和鞋子等这些传统意义上的搭配次要品作为公司的主角，并成功地结合了富有经验的专业大型制造程序和注重品质的专业化小型作坊的优点，使 PRADA 得到迅速发展壮大。 发明了以尼龙布料制作的皮包，掀起风潮。

1983 年：推出皮鞋。

1984 年：推出 PRADA 经典的黑色“pocono”尼龙背包。

1985 年：Miuccia prada 开拓第一条 prada 的成衣系列（Ready-to-wear）以及女士鞋履系列。

1989 年：推出女装。PRADA 推出首次秋冬服装秀，一反当时潮流的设计赢得不少赞美。

1992 年：首次将较性感和 60 年代的风格运用于服装设计中。Miuccia Prada 推出以自己小名命名的副牌 MIU MIU。

1993 年：Miuccia prada 夺得 Council of fashion designers of America 的国际大奖。同年 PRADA 推出秋冬男装与男鞋系列，一时之间旗下男女装、配件成为追求流行简约与现代摩登的最佳风范。

1994 年：秋冬推出灵感源于 Pina Bausch 的短款黑色外套和及膝裙。同时，推出男装。

1995 年：Miuccia prasa 赢得了年度“最佳时装设计师”的美誉。

1996 年：PRADA 集团创立了 PRADA Holding BV，并将 Fendi、Helmut Lang 和 Jil Sander 等极具声望的国际品牌纳入了该集团的麾下。

1997 年：Miuccia Prada 再次大胆地发布了她所设计的 PRADA Sport 运动系列，该系列的著名“红色条纹”现已成为 PRADA 产品在全球最受崇尚的一个时尚标志。同年春夏推出皮革花朵图案的坡跟鞋。

1998 年：推出运动装。

2000 年：PRADA 推出了护肤品系列，因简洁前卫的包装和高品质而闻名。

PRADA 推出了美容系列，包括皮肤和眼部护理产品。秋冬推出鳄鱼皮医药袋和体现 1940 年代复古风格的鞋。

2001 年：PRADA 在建筑师 Rem Koolhaas 主导的 OMA 团队的帮助下，在纽约的 SOHO，开设出全球第一间 Epicenter。它的宗旨在于建立一个实验性的购物空间。

2002 年：春夏推出小山羊皮扣带鞋。

2003 年：春夏推出银色坡跟鞋和镶有仿宝石的鸵鸟皮手袋；同年秋冬推出配有蓓蕾点缀的鳄鱼皮高跟鞋。Miuccia Prada 被《华尔街日报》评选为全欧洲最有影响力的 30 位女性之一。

PRADA 位于东京的全新旗舰店于 2003 年 6 月 7 日正式开幕。新店外型新颖别致、极为醒目而独特，由举世闻名的建筑大师 Herzog 和 de Meuron 负责设计，而他们也是 2008 年北京奥运会体育场馆的设计师之一。新店是一个高达六层的玻璃体大楼，设计理念源自于剔透的水晶。新店的外墙设计颇具革命性，由数以百计的菱形玻璃框格构成极具现代感的幕墙。人们既可从店外透视店内陈列的 PRADA 服饰产品，亦可从店内欣赏店外的景致，势必将成为东京的又一著名的新时尚景观。

2004 年：打造首款香水，加入全球的顶级时装品牌出产香水的行列。

7 月，PRADA 在美国洛杉矶的 Epicenter 旗舰店精彩亮相。新旗舰店位于贝弗利山 Rodeo Drive 北 343 号，总面积 24 000 平方英尺，三层零售面积总和达到 14 750 平方英尺。这家旗舰店中的商品包括 PRADA 所有最新男女服饰：有成衣系列、运动装、手提包、鞋、配饰和美容用品。

2004—2005 年：Prada 举办 Waist Down 裙装展初次展览始于 2004—2005 年，在位于东京 Aoyama 区的 Prada Epicenter 中举行。 全球巡展的第二站是上海著名的和平饭店。 Waist Down 裙装展是献给裙装的独特展览，正如展览的名称所示，裙装所传达出的是女性腰部之下的美丽传奇。 在这一展览中，所有能融入裙装的华丽创意尽情展现，这些无与伦比的裙装由 Miuccia Prada 精心挑选后 PRADA 品牌第一季至今的成衣系列。

2009 年：在巴黎的 Beauvau 街 92 号成为了 PRADA 的新临时店铺。 这栋由 Roberto Baciocchi 着手设计的两层高建筑约有 570 平方米，里面展示了 PRADA 的服装、包包、饰品和鞋类。 之所以为临时店铺，是因为向大众开放的时间到 2010 年 2 月就结束。

Prada 与四大时尚杂志编辑合作改造店铺。 根据纽约、伦敦、米兰、巴黎四大时装周的顺序，《W》杂志的 Alex White、《Love》杂志的 Katie Grand、《V》《Another》《Arena Homme Plus》和《Love》杂志的独立工作者 Olivier Rizzo、法国《Vogue》杂志的 Carine Roitfeld 分别为纽约 Broadway 店、伦敦 Old Bond Street 店、米兰的 Via Monte Napoleone 店、巴黎的 Avenue Montaigne 店带来了他们的设计力作。

2010 年：上海世博会的意大利馆，工作人员的制服由 PRADA 设计提供。

2011 年：Prada 在香港进行公开招股，招股价介乎 36.5 至 48 港元，最多集资 203.2 亿元，其中的 86% 为原有股东出售的旧股。 上市前，Prada 的 94.89% 的股权由 Prada 家族及 Prada 现任 CEO Muiccia Prada 之夫 Patrizio Bertelli 掌握，其余 5.11% 则在意大利圣保罗银行手中。 Prada 最终决定以招股价范围中下限 39.5 元定价，集资 167 亿。

15 | HANLOON TAILOR——高级定制品牌营销

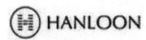

品牌中文名称 恒龙洋服
品牌英文名称 HANLOON TAILOR

品牌概况

注 册 年 份：1997 年

注　册　地：中国

经 营 品 类：服装定制，主要为礼服、西服和衬衫定制

代 理 品 牌：英国皇家亨利·普尔 Henry Poole，香港诗阁 Ascot Chang

经 营 市 场：中国

经 营 规 模：北京、杭州、南京、苏州设有 12 家分店

经 营 业 绩：2011 年突破 1 亿元的销售额，与 2010 年相比增长 20%

上 市 与 否：否

品 牌 官 网：http://www.hanloon.com

市场评价：恒龙洋服定制是国内最早从事中高档服装手工定制的企业之一。 从定做
　　　　　西服到定做普通的衬衫，再到定做高级时装、礼服宴会装，恒龙洋服定制
　　　　　品牌从本土逐渐走向国际合作，在这个快速发展的定制行业领域越来越深
　　　　　入人心。

HANLOON 杭州大厦店

HANLOON 北京国贸店

Henry Poole 北京王府半岛店

恒龙洋服总经理鲁兴海先生

Henry Poole 的 Gordon 师傅

英国 Henry Poole 裁缝与
中国 HANLOON 裁缝之间的技术交流

恒龙洋服主裁缝师——奉帮裁缝王春尧

北京朝阳区何各庄乡壹号地恒龙高级裁缝学院和研发中心

案例诉求

品牌提升——通过品牌传统文化底蕴和国际合作提升品牌形象

营销问题

说起服装高级定制，许多人觉得高高在上，或者认为服装高级定制是法国巴黎独有的特色和产业。 在经济高速发展的大背景下，中国市场被视为是法国高级时装业发展的一个新契机，因为中国消费者正在成为法国高级时装的重要顾客之一。 据法国高级时装公会主席迪迪埃·戈巴赫先生说，法国每家高级时装公司都曾向中国消费者出售过男装和男用系列产品。 随着经济的不断发展，国内已经形成高端消费人群，并有了消费高档成衣和时装定制的土壤。 恒龙洋服如何在服装产业遍布国内外大鳄、风雨难测的汪洋大海里探索出一条制胜之路，同世界顶级品牌比肩，创造中国人自己的奢华生活和高级定制品牌？

营销对策

结合红帮裁缝定制技术传统，引进 Henry Poole 深厚的品牌底蕴和顶级品牌的运作模式，开办高级裁缝学院，提升恒龙洋服的高级服装定制品牌形象。

营销过程

① 随着与国际社会的交往日益频繁，跨行业、跨地区、跨国界的人际交往成多元化、多层次、多结构的状态，国内一些高端消费人士自我尊重意识逐渐觉醒，开始寻求个性展现自我，于是多层次、具有特殊性的服装定制需求不断出现。 随着改革开放，20 世纪 90 年代的中国加速了国际化进程，国际一线品牌涌入，上万元的高级成衣成为身份的象征，但是在中国市场无论欧版还是美版都存在着不合体的问题。 1997 年恒龙洋服定制应运而生，它选择在杭州最高端的商场杭州大厦 B 楼开张，在一片世界大牌林立中确立了高端服装定制的品牌定位，引进欧洲各地的衣料、配件及裁剪技术，配合销售及市场营运，为消费者提供西服、礼服等量身打造服务。 其特色服务是首创特体体型模特，包括提供凸肚、弓背、高低肩等特殊体型的复杂制版和推板技术，以应对消费者的个体差异；满足企业家、商界精英对得体穿着需要；满足消费者的社交场合需要；满足高端消费者的多层次需求。

② 恒龙深知红帮裁缝技术在中国服装定制领域的历史渊源和权威，同时红帮裁缝技术是服装定制中国本土化的重要象征元素。 因此，恒龙洋服公司专门聘请宁波红帮老裁缝师、上海洋服老裁缝及后人来掌裁，以此赋予恒龙洋服定制品牌的历史文化气质，创建源自中国红帮裁缝优良手艺和服务的品牌内涵，

将时尚与经典在恒龙洋服定制中完美再现，努力打造有中国特色的高级定制。

③ 英国萨维尔裁缝街（Savile Row）男装定制顶级的权威 Henry Poole（亨利·普尔）具有百年历史的奠基者身份以及其独特的经营理念和悠久的品牌文化深深吸引了恒龙，这正是恒龙洋服定制所需要的高贵血统。 2006 年 4 月恒龙洋服定制与英国 Henry Poole 正式签订协议，成为 Henry Poole 的亚洲合作伙伴，恒龙公司负责 Henry Poole 品牌在亚洲地区（除日本）的业务，不仅可以在亚洲范围内使用 Henry Poole 这个国际品牌，而且不断的接受 Henry Poole 来自欧洲的制服定单。 2006 年 5 月 20 日第一家中国 Henry Poole 洋服店在北京王府井中心商业区开业。 恒龙洋服借力 Henry Poole 的高贵血统、深厚的定制文化底蕴和顶级品牌的运作模式，为自己在中国高级定制行业发展中增加了话语权。 通过国际合作的窗口，恒龙将高级服装定制中国本土化的传统和定制的国际化相融，从而进一步获取更多顾客的信任和忠诚度。 同时，恒龙洋服借力 Henry Poole 的影响力在中国寻找到了新的发展潜力，其定制产品迎合了本土化新奢侈品消费需求，既使消费者相比较国际定制品牌而言更容易获取，又使消费者被这种尊贵的高级定制服务所深深吸引。

④ 放眼世界，面向未来，恒龙公司为了发展和推动服装手工定制产业，培养了一批国内一流的高级服装定制打版师和工艺制作师，并以服装手工定制的优势为突破口，在杭州下沙国家经济开发区成立了一个集生产、培训及教学为一体的生产基地。 历年来，公司创立和合建了恒龙高级裁缝学院、杭州市人民政府丝绸及其制品科技创新服务平台、高级定制研究中心（国际合作）实验室、浙江理工大学高级定制研究生实践基地，同时在北京朝阳区何各庄乡壹号地设立恒龙高级裁缝学院研发中心。

营销结果

恒龙洋服定制公司是国内最早从事高档服装手工定制的企业之一。 公司旗下有自营品牌 HANLOON "恒龙"男装、代理品牌 ASCOT CHANG "诗阁"衬衫、英国皇家 Henry Poole "亨利·普尔"男装。 拥有 ERMENEGILDO ZEGNA（杰尼亚）、LORO PIANA（罗诺·皮耶娜）、DORMEUIL（多美）、SCABAL（史佳宝）、CERRUTI1881（切瑞蒂 1881）等世界顶级面料的专营权。 其定制洋服价格从 6 000 元到 16 万元不等，拥有一批忠诚而稳定的高端顾客群。 现国内设有 12 家分店，2011 年销售业绩突破 1 亿元，比上年增长了 20%，企业计划在两年内上市。

理论依据

1. 趋优消费

趋优消费就是消费者甘愿以更高的价格来购买更好的产品或服务的行为，这是一种具有高度选择性的购买行为。趋优消费的产生是国内经济环境的大发展给人们带来的丰厚物质基础所必然产生的一种消费观念，当生活变得更为讲究、消费变得更为挑剔的时候，意味着人们的品质意识和品质要求都越来越高；除此之外，中国盛世催生的盛世文化也是推动趋优消费的另一大因素，盛世文化注定会在精神层面对人施以影响，令人们接受全新的消费理念和消费知识，趋优消费其实就是一种文化消费，表现为对一种品牌的倚重与执着。所以消费力的提升是一方面，更重要的是人们的品牌消费意识觉醒且逐步加强，正是这些内在的东西，推动着人们消费需求与消费结构朝着精致型、品位型、享受型、经典型发生多样性变化和升级。

2. 品牌定位

品牌定位指企业在市场定位和产品定位的基础上，对特定的品牌在文化取向及个性差异上的商业性决策，它是建立一个与目标市场有关的品牌形象的过程和结果。品牌定位是品牌经营的首要任务，是品牌建设的基础，是品牌经营成功的前提。品牌定位在品牌经营和市场营销中有着不可估量的作用。品牌定位是品牌与这一品牌所对应的目标消费者群建立了一种内在的联系。

品牌定位是市场定位的核心和集中表现。企业一旦选定了目标市场，就要设计并塑造自己相应的产品、品牌及企业形象，以争取目标消费者的认同。由于市场定位的最终目标是为了实现产品销售，而品牌是企业传播产品相关信息的基础，品牌还是消费者选购产品的主要依据，因而品牌成为产品与消费者连接的桥梁，品牌定位也就成为市场定位的核心和集中表现。

3. 品牌联想

品牌联想即消费者看到一特定品牌时，从他的记忆中所能被引发出对该品牌的任何想法，包括感觉、经验、评价、品牌定位等；而这些想法可能是来自于消费者在日常生活中的各个层面。建立正面品牌联想的重要性表现在销售与品牌联想之间具有强烈的相互关联性，因此，品牌经理人在塑造品牌形象时，应透过各种不同的营销通道，竭尽所能地为品牌建立并累积正面的品牌联想，进而在消费者心中形成一个持久性的印象，更能巩固品牌的市场优势。

案例分析

Haute Couture（高级定制时装）是法国时装发展的产物。高级时装定制服装，是一种为少数具有高品质生活方式群体所服务的单量单裁手工定制服装，由该品牌的顶级设计师为顾客亲历打造的，该类服装的特征是：具有高级的设计、高级的材料、高级的做工、高昂的价格、高级的享用者，通常还应具有高级的服用场所。HANLOON 打破了传统高级定制品牌的运作模式惯例，探索一条新的中国式高级定制品牌创建之路，最根本的在于使国际高级定制文化本土化。

① 中国盛世催生的盛世文化推动了消费者的趋优消费，人们对品牌的消费意识觉醒，对品牌倚重与执着，由此推动消费需求与结构发现多样性变化和升级，形成精致型、品位型、享受型和经典型的消费特征。HANLOON "恒龙洋服定制"敏锐的捕捉到趋优消费的市场需求，面向中产阶级将品牌定位为国内高级定制品牌。打造产品优势为：第一，在技术、设计、工艺上有独到之处；第二，具有出类拔萃的卓越性能；第三，与消费者能够产生情感上的共鸣；第四，将价格定位在一个微妙的水平，一方面让消费者比国际定制品牌更容易买到，另一方面更加为其优质的产品和服务而神往。

② 通过强化 HANLOON "恒龙洋服定制"的红帮裁缝定制技术传统，借力来自英国 Savile Row 的 Henry Poole 深厚的高级男装定制文化底蕴，开办高级裁缝学院来确立 HANLOON "恒龙洋服定制"的高级服装定制品牌，将中国本土化传统定制文化与拥有贵族血统的英伦高级定制的经典时尚的结合，加强品牌的正面联想，塑造有中国特色本土化的高级男装定制品牌，加快品牌认知，进而促进市场拓展。

159

分析结果

恒龙洋服定制品牌通过将传统与国际化相融，通过国际化合作提升定制品牌国际形象，在竞争激烈的奢侈品市场中找到立足之地，并奠定其独特的竞争优势，从而形成良好的发展态势。

案例思考

在趋优消费的需求特征下，如何发挥本土品牌的亲和力并融合国际化时尚元素来提升服装定制品牌形象？

思考题

1. 中国趋优消费潮流大幕开启，中国服装消费者需要什么？ 中国服装消费者如何消费？

2. 消费体验是中国式趋优消费的品质外延，在商品极为丰富的今天，品质是中国式趋优消费的魂，价值满足是中国式趋优消费的核心驱动力，为了迎合消费者需求趋势，你认为像恒龙洋服这类本土高级定制服装品牌提升有哪些方法？

| 阅读参考

品牌简介

1. 洋服定制

恒龙洋服定制公司是国内最早从事高档服装手工定制的企业之一。

2. 红帮裁缝技术

恒龙洋服公司专门聘请宁波奉帮老裁缝师或者上海老裁缝及后人来掌裁，不仅赋予恒龙洋服定制品牌的历史文化气质，同时保证了恒龙洋服定制红帮裁缝优良手艺和服务。

3. 皇室定制品牌 Henry Poole

英国的"Savile Row"，不只是萨维尔街，也不仅仅代表了英国一个时期的建筑，更多地是象征了女士和绅士服装一种高标准的裁剪水平。 伦敦萨维尔街是欧洲定制文化代表和最高级裁缝的代表。 萨维尔街的裁缝意味着英国裁缝街的裁缝手艺和被认为是在伦敦裁缝街指定的一种限量的手工定制。 只有地处在萨维尔街及附近街道的 54 家店,才可以称自己为"英国萨维尔街的裁缝店"。 萨维尔街 15 号是 Henry Poole 的代名词,Henry Poole 是萨维尔街的奠基者,并有着皇家血统,从 1869 年被维多利亚王室授予"专门的皇室御用裁缝师"。 19 世纪 50 年代,Henry Poole 服装店开始吸引美国名人政要客户,当时的摩根集团的上层人物几乎都在 Henry Poole 服装店购买服饰商品。 Henry Poole 的众多国际客户中,仍旧有大量的贵族、政界和商界名流。

4. 恒龙高级裁缝学院

公司创建了恒龙高级裁缝学院、高级定制研究中心(国际合作)实验室、浙江理工大学高级定制研究生实践基地、北京朝阳区何各庄乡壹号地设立恒龙高级裁缝学院研发中心,为恒龙的可持续发展奠定了坚实的基础。

品牌历史

1997 年:9 月 HANLOON 恒龙洋服创建于浙江杭州,同时第一家 HANLOON 店在杭州大厦开业。

2003 年:1 月第二家 HANLOON 店在南京开业。

11 月第三家 HANLOON 店在北京凯宾开业。

2004 年:7 月第四家 HANLOON 店在北京国贸开业。

9 月第五家 HANLOON 店在苏州开业;

取得 ASCOT CHANY 的代理权,同年第一家 Ascot Chang 店在杭州大厦开业。

2006 年:4 月成为来自英国萨维尔街 15 号(Savile Row NO. 15)的 Henry Poole 的亚洲合作伙伴,5 月 20 日,第一家 Henry Poole 店在北京东方广场开业。

2007 年:第二家 Henry Poole 店在杭州大厦开业。

2008 年:第二家 Ascot Chang 店在北京华茂开业。

2009 年:第三家 Henry Poole 店在北京王府半岛酒店开业。

2010 年:第四家 Henry Poole 店在北京国贸三期开业。

16 | Dolce&Gabbana 服饰广告的"争议效应"

DOLCE&GABBANA

品牌中文名称 杜嘉班纳

品牌英文名称 Dolce & Gabbana

品牌概况

注册年份：1985 年

注 册 地：意大利

经营品类：服装、皮革制品、鞋类和配件（眼镜、首饰、香水）

经营市场：欧洲　意大利、比荷卢经济联盟、保加利亚、克罗地亚、丹麦、法国、德国、
匈牙利、塞尔维亚、葡萄牙、俄罗斯、乌克兰、英国、斯洛文尼亚、西
班牙

美洲　巴西、巴拿马、美国

亚洲　阿塞拜疆、巴林、科威特、卡塔尔、沙特阿拉伯、新加坡、韩国、阿拉
伯联合酋长国、土耳其、中国、日本、印度、黎巴嫩

经营规模：在全球有 252 个零售分销点，雇佣了 3 400 多名员工

经营业绩：截止 2010 年 3 月 31 日的财政年度，Dolce & Gabbana 公司净利润增长 79%，
上升至 1.057 亿欧元，同比去年销售额下降 5%，跌至 12 亿欧元

上市与否：否

品牌官网：http://www.dolcegabbana.com

市场评价：总部位于意大利米兰的 DOLCE & GABBANA 公司创立于 1985 年，如何定义 Dol-
ce & Gabbana 世界并不容易。 这是一个充满情感、传统、文化和地中海气息
的世界。 Dolce & Gabbana 今天已成为奢侈品领域中最主要的国际集团之一。
两位奠基人 Domenico Dolce 和 Stefano Gabbana 一直以来都是公司的两个品
牌——Dolce & Gabbana 和 D & G 的创造和设计源泉，也是以平衡发展和致力
于核心业务为特征的成长策略的最初倡导人。 他们的时装店总部设在米兰，
其与 Gucci 和 Prada 等响彻世界的一线奢侈品牌共同振兴了意大利的时装工
业。

2005 年 "向同性恋致敬" 的手表广告

2006 / 07 秋冬 "赞美及宽恕暴力" 系列广告（部分）

2007 春夏"性感与反暴力"系列广告

设计师 Domenico Dolce（右）和 Stefano Gabbana（左）　　DOLCE＆GABBANA 在米兰的店铺

Dolce & Gabbana 米兰总部

案例诉求

品牌广告传播品牌的诉求点，并进一步定位品牌理念，将非经营性的理念诉求与品牌性格相结合。广告不局限于推销产品层面。

营销问题

时尚界越来越注重广告形象宣传，基于吸引消费者视觉的"眼球经济"兴起，对于 DOLCE & GABBANA 这个比较年轻的时尚品牌，如何在众多绝色广告中脱颖而出？如何在品牌广告中突显自己的品牌特色？

营销对策

采用挑战传统观念的争议性广告，用争议性的广告画面阐述独树一帜的品牌理念，通过争议性达到独特的营销效果。

营销过程

① 2005 年年末，Dolce & Gabbana 在英国播出首个涉及同性之吻的广告。该广告是 Dolce & Gabbana 为推出的手表新品而拍摄的。广告分为两个版本，完全同样的画面内容，一个是男女亲吻，另一个是两位男性亲吻。该品牌发言人声明，之所以会采用这样的手法是为了传达"爱的二元性"，就好像该手表新品有两款外观一样。此外，广告选择两位男性亲吻画面，也是为了向该品牌广大的消费群体之一——同性恋者致敬。

② "赞美及宽恕暴力"主题：Dolce＆Gabbana06/07 秋冬广告以 "glorified and condoned violent crime"（赞美及宽恕暴力）为主题，描绘了一系列暴力场景。其中的一则广告中两名男子正在威胁一名坐在椅子上的男子，地板上还躺着另一位头部受伤的男士；另一则表现的是两个男人扶着一个手持刀具、受伤的女人。

Dolce ＆ Gabbana 通过广告讲诉了一个宫廷复仇的故事。男主角由男模 David Gandy 担当，女模则由百变精灵 Gemma Ward 担纲主角。里面充满了拿破仑时代油画气质，高耸的 18 世纪白色宫廷假发，精致的繁纹蕾丝，骑士般的呢制军装，帅气的马裤，作旧的画面感……古典欧洲战争情结在这里得到了充分的表现。

③ "性感与反暴力"主题：Dolce＆Gabbana07 春夏广告以描绘了一系列展现性感与反暴力的场景。广告中一个赤裸上身的男性双手用力把一名女子按倒地上，旁边两名同样裸露胸膛的同伴无动于衷地旁观。

在奢侈品文化的溯源中，华丽是一个里程碑式的符号。因此奢侈品的营销诉求就表现为视觉上的垄断。

营销结果

① 2005 年，Dolce ＆ Gabbana 在英播出首个涉及同性之吻的广告。英国电视史又一个禁忌被打破。之前 1998 年 Impulse 香水广告曾出现过同性牵手画面，时尚品牌 Guinness1995 年也曾试图播放同性吻广告，但最后在媒体炮轰下只好撤销。Dolce ＆ Gabbana 从来不否认时装就是要强化性吸引力。而且，或许是因为 Domenico Dolce 和 Stefano Gabbana 两人是同性恋人的关系，他们除了颂扬异性间的性感，也赞许同性间的性感。虽然异性性主题广告在时尚界司空见惯，但是同性性主题广告即使在潮流浪尖的时尚界看来也是那么的叛逆，这种另类的性感在吸引眼球的同时也会招致众多的指责。而这正是 Dolce ＆ Gabbana 要传递的别样文化。

② "赞美及宽恕暴力"在英国被禁。2007 年 1 月，英国广告标准局指 "赞美及宽恕暴力"系列广告中显示模特儿挥舞利刀，是鼓吹暴力，有美化暴力犯罪行为之嫌。这则广告在英国招致了至少 166 条不满的投诉，成为当年令人不满的十大广告之首。随后这系列广告被英国广告标准管理局叫停。然而

这则广告在中国、欧洲、日本以及美国等地都没有收到类似投诉。 Dolce & Gabbana 说明，这两则广告是在模仿 19 世纪早期的艺术风格。

③ "性感与反暴力"在意大利、西班牙被抵制。 2007 年 3 月，意大利多名国会议员、人权组织及成衣工会指广告有鼓吹轮奸妇女的嫌疑。 意大利最大工会 CGIL 的纺织工人分会更扬言会呼吁妇女在"3·8 妇女节"当天罢买它的产品。 据《星岛日报》报道，这个广告在意大利多本妇女杂志及报章刊登后，即引起各方指责。 国际特赦组织意大利分会指广告鼓吹对女性滥用暴力，要求 Dolce & Gabbana 尽快抽起该广告。 国际特赦在意大利的网站指出："妇女应享有免受暴力威胁的权利，而非像广告所描述的情景。"西班牙政府指其广告违反当地法例，有羞辱女性之嫌，要求 Dolce & Gabbana 抽起广告。 随后广告被西班牙和意大利政府禁止刊登。 面对汹涌的群情，Dolce & Gabbana 无动于衷，Dolce & Gabbana 在其官方公报中表示："我们仅仅从西班牙市场上撤出了这些广告。 他们的思想已经有点落后了。 （We are withdrawing this photo only from the Spanish market. They have shown themselves to be a bit backward.）"

④ 品牌关注：Dolce & Gabbana 并没有因为部分地区对广告的抵制而修改广告主题，相反，它前后推出的 Dolce & Gabbana 以及副牌 D & G 广告选择了独特的视角，这些广告引发的争议和社会报道，反而使得 Dolce & Gabbana 的广告得到了更多的关注。

⑤ 品牌销售： 在 2006 年 3 月 31 日结算的 2005/2006 财政年度，Dolce & Gabbana 集团确定了年度的增长趋势，在主要的经济指标中取得实质性的增长。 Dolce & Gabbana 和 D & G 两个品牌产品的销售总值达 15.543 亿欧元，比上一财政年度增长 35%。

理论依据

1. 设计师的观点

前 Gucci、YSL 首席设计师汤姆·福特（Tom Ford）认为 "时尚服装全都与寻求配偶有关……时尚真正使人着迷的地方就是它与性有某些联系。""社会诉求仅仅是时尚、现代和文化诉求，他们生产美丽的衣服是为了满足由不变的本能产生的真正动机和由自然界基因排列产生的不可抗拒的情感。"

167

2. 广告

是指为了某种特定的需要，通过一定形式的媒体，公开而广泛地向公众传递信息的宣传手段。《简明大不列颠百科全书》（15 版）对广告的定义是：广告是传播信息的一种方式，其目的在于推销商品、劳务服务、取得政治支持、推进一种事业或引起刊登广告者所希望的其他的反应。广告信息通过各种宣传工具，传递给它所想要吸引的观众或听众。

3. 注意力经济

又被形象地称作"眼球经济"，是指实现注意力这种有限的主观资源与信息这种相对无限的客观资源的最佳配置的过程。在现代强大的媒体社会的推波助澜之下，眼球经济比以往任何一个时候都要活跃。电视需要眼球，只有收视率才能保证电视台的经济利益；杂志需要眼球，只有发行量才是杂志社的经济命根；网站更需要眼球，只有点击率才是网站价值的集中体现。

著名的诺贝尔奖获得者赫伯特·西蒙在对当今经济发展趋势进行预测时也指出："随着信息的发展，有价值的不是信息，而是注意力。"这种观点被 IT 业和管理界形象地描述为"注意力经济"。

注意力经济的特点：

① 注意力非共享的，是不能复制的，一个企业不能借用另一个企业的注意力资源，因为注意力是客户针对某一特定公司、特定产品而言的。

② 注意力资源是有限的、稀缺的。

③ 注意力资源易从众的特性。客户之间可以相互影响、相互交流，能促使注意力往主流、集中方向集聚。

④ 注意力的计算是模糊的。

⑤ 注意力能直接产生经济价值。

案例分析

Dolce & Gabbana 推出带有争议性议题的题材广告，不仅仅是为了吸引眼球，同时与它的品牌定位、品牌理念的表达密切相关。

时装界的广告常常受到大众的抗议或广告法规的禁止，品牌是否需要因此停止制作具有争议性的广告？ 时尚品牌的每季广告都在寻找走钢丝的最佳效果。

分析结果

① Dolce & Gabbana 品牌开放、冷静的广告形象和性感、个性的品牌风格相一致。 这就是为什么 Domenico Dolce 和 Stefano Gabbana 总是爆新闻：他们的服装为他们代言，风格清晰，总是以相同的语言发出准确的信息。 作为同性恋设计师，多年来人们习惯把这对设计师的作品看作年轻、性感、爱的代名词。Dolce 对此一笑置之，他告诉《卫报》："我们的成功与性感和同性恋无关，我们只是重新定义了女人和男人。 现代社会让男女差别越来越大，我们所做的只是让两性发现自己内在的异性气质，并且加以表达。"

② 时尚品牌中具有争议性的广告并不只 Dolce & Gabbana 一个品牌。 著名设计师 Yves Saint Laurent 曾亲自全裸演绎 YSL 品牌的香水广告，受到拥护者的一致追捧；Gucci 的 G 字阴毛的平面广告，惹来大批女权分子、妇女团体齐声抗议后撤下；小甜甜布兰妮拍摄的香水广告，因太过性感以至于还未播出就遭到了英国电视业监察机构的严厉处罚，而香水仍热卖到脱销……"性"主题似乎是时尚界经久不衰、却又饱受争议的最佳元素。 即使是在表达"爱"、"竞争"、"反对暴力"、"追求和平"等主题时，时尚界也热衷于用充满视觉刺激的画面来挑逗大众的心理。

案例思考

品牌广告是迎合消费者，还是激发他们的兴趣，如何在这些要求中寻求平衡？

思考题

1. 大众会对富有争议性的服饰广告习以为常吗？ 如果那样，服饰品牌广告将何去何从？

2. 中国的服装广告语言是怎样的？ 中国的社会环境能够接受这样过分张

扬的服饰广告吗?

阅读参考

品牌简介

公司创始人 Domenico Dolce(多梅尼科·多尔切)和 Stefano Gabbana(史蒂法诺·加巴纳)将他们的姓氏缔造成以魅力和多元化而著称世界的品牌。 两位设计师是一对高品位的同性恋人,他们将意大利精神变成一面旗帜,将感性而独特的风格演绎并推行到全球。 他们面向年轻人,并从年轻人身上撷取灵感,深受好莱坞明星的青睐,并为当今所有摇滚乐歌星设计服装,且是麦当娜、莫尼卡·贝鲁奇、伊莎贝拉·罗塞利尼、凯莉·米洛、维多利亚·贝克汉姆、安吉丽娜·朱莉的指定设计师,他们获选为无可争议的设计先锋人物。

1. 一线品牌 Dolce & Gabbana

Dolce 和 Gabbana 是时尚圈里不太多见的二人组合,大家喜欢把他们叫做时尚界的"哼哈二将"。 他们最著名的品牌是把两人的姓氏连在一起的"Dolce & Gabbana"。 要想穿这个品牌的服装,你得先看看自己血液里有没有狂野的因子,如果没有,很遗憾,即使你再有钱,也穿不了。 他们招牌式的风格是浓烈、华丽、妖艳和妩媚,对那些有着强烈个性的女人尤其有吸引力。 上个世纪 90 年代初,歌坛巨星麦当娜以一款黑色内衣外套黑色西装的装束震惊了全世界,并引发了"内衣外穿"的热潮,她背后的功臣,就是 Dolce 和 Gabbana。

2. 二线品牌 D & G

D & G 于 1994 年推出,是针对中等收入年轻人的二线品牌。 目前,D & G 的风头已经大大超过了它的一线品牌。 用古灵精怪来形容这个品牌一点也不过分,被称为最佳时尚二人组的两位品牌设计师以其热情洋溢的另类时装风格征服了大批年轻人。 而 D & G 也正是年轻人精神的体现,代表着自由、个性的年轻化风格,身上有时还带着些反叛的味道。

3. 二线品牌 D & G junior

Dolce & Gabbana 也推出了童装系列。 童装风格与成人服装大致相似,满足那些愿意将自己的孩子打扮成时髦的时尚先锋的父母们的需求。

品牌历史

1985 年:Dolce & Gabbana 商标诞生,第一次参加米兰时装秀"新天才"组别。

1986 年:推出第一个内部生产时装系列和举行第一个"真女人"时装秀。

1987 年:新展厅在米兰的 Santa Cecilia 街 7 号新开张。

1988 年:与 Domenico Dolce 家族位于 Legnano 的 Dolce Saverio 服装公司签订成衣生产协议。

1989 年:推出第一个内衣裤和泳装系列。

1990 年：推出第一个男装系列。

1990 年：与位于 Ancona 的 Genny 集团签订协议，担任 Complice 系列设计顾问（直到 1994 年）。

1993 年：设有贸易部、男装和女装部的新展厅在米兰 Umanitaria 广场 2 号开张（从 2002 年 5 月起搬到 Goldoni 街 10 号）。

为麦当娜的 "The Girlie Show" 环球演唱会特别制作 150 套演出服装。

Dolce & Gabbana 专卖店在米兰 Spiga 街 2 号开张。 诞生面向年轻人的新系列 D & G。 推出第一个 "D & G" 女装系列。

1994 年：Casa 时装系列（1999 年起，只为 Dolce & Gabbana 专卖店限量生产）。

1995 年：在米兰 San Damiano 街 7 号成立设计部和代表办事处。

1996 年：在十周年纪念之际，《Dolce & Gabbana 的十年》一书出版，收集了最重要的广告和编辑图片。

与日本 Misaki Shoji 集团签订在日本设立销售点、负责销售 Dolce & Gabbana 和 D & G 系列的协议。

1997 年：Dolce Saverio 股份公司新总部成立，位于米兰 Legnano 的 XX Settembre 街 123 号，现在是 Dolce & Gabbana 工业股份公司。 该公司生产 Dolce & Gabbana 品牌的男、女装成衣。

《Dolce & Gabbana Wildness》一书出版，收集了以动物印花为主线的最重要的编辑图片。

1998 年：由著名的法国出版社 "Assouline" 发行关于 Dolce & Gabbana 的新书，是获得巨大成功的收藏丛书《Mémoire de la Mode（时装的记忆）》的组成部分。

1999 年：Dolce & Gabbana 实行工业垂直化策略，投资拥有集团服装产品专利主体的 Dolce Saverio 股份公司（今天的 Dolce & Gabbana 工业股份公司）51% 股份，和拥有自由销售渠道 DGS 公司的 100% 股份。

为惠妮·休斯顿的 1999 年环球演唱会特制服装和配件。

2000 年：开通官方网站。 Dolce & Gabbana 从 2000/2001 秋冬季开始，开展自己品牌的针织衣物、内衣裤、泳装、真丝方巾和领带的生产和销售。

新公司 Dolce & Gabbana 股份公司开张。 皮具和鞋类部，位于佛罗伦萨 Incisa in Valdarno 的 Santa Maria Maddalena 街 49 号。

为了麦当娜的复出，两位设计师不但负责演出服装，还负责舞台布景，将纽约传奇式的 Roseland Ballroom 舞台和伦敦的 Brixton 学院转化成电脑时空大农场。

2001 年：Dolce & Gabbana 在国际级导演 Steven Spielberg 的洛杉矶家中为 "儿童行动网络" 协会赞助一项时装秀暨慈善活动。

新展厅在东京开张，并于 2001 年 8 月成立 Dolce & Gabbana 日本新分部 Japan K. K.。 它将负责 Dolce & Gabbana 和 D & G 系列在专卖店和店中店的销售。 设有男装和女装部、专利部和新闻/广告部的新展厅在米兰 Goldoni 街 10 号开张，2003 年起全面运营。

2002 年：3 月，根据 Dolce & Gabbana 专卖店的新概念，与建筑师 David Chipperfield 合作，扩大和翻修位于纽约 Madison Avenue 大街 825 号的 Dolce & Gabbana 专卖店。

为凯莉·米洛的 2002 年欧洲巡回演唱会特制服装和配件。

2003 年：在米兰 Corso Venezia 大街 15 号开张的新专卖店卖男装。 在这栋米兰古老大楼中，除了有完整的男装系列供选择外，Dolce & Gabbana 还提供健康世界，设有男女美容中心，传统的西西里理发店和一个 Martini 酒吧。

第一个 "Dolce & Gabbana Vintage" 专卖店在米兰 Spiga 街 26/a 号开张，展示有 "Dolce & Gabbana Vintage" 标签的著名服装。 在位于 Spiga 街 26/b 号的邻接处开了一家专卖店，专售 Dolce & Gabbana 女用配件：手袋、围巾、眼镜、皮带和小件皮具。

推出新款香水 "Sicily Dolce & Gabbana"。 广告代言人为意大利影星 Monica Belluci（莫妮卡·贝鲁奇），她既在印刷品广告上、又在 Giuseppe Tornatore 导演并配有 Ennio Morricone 音乐的电视广告片上演绎 "西西里" 精神。

发行《HOLLYWOOD》一书，奉献给好莱坞和近十年来选择 Dolce & Gabbana 品牌的明星，包括当今最重要的电影明星的上百张精美照片，收益将用作慈善捐款。

2004 年：发行《Calcio（足球）》一书，是 Domenico Dolce 和 Stefano Gabbana 向作为当代男性风格新偶像的足球运动员的专献。 44 位足球运动员、3 支完整球队和 2 名教练全部穿着 Dolce & Gabbana 品牌的服装，由 Mariano Vivanco 拍摄成黑白照片。 售书的收益捐献给由参加这项计划的某些球队指定的四个慈善协会。

2005 年：Dolce & Gabbana Underwear 最新广告，广告模特选用足球明星。

2006 年：在 Dolce & Gabbana 专卖店销售新书《Milan Dolce & Gabbana》。

参加 2006 年德国世界杯的意大利国家足球队的队服由 Dolce & Gabbana 专门设计。

在上海外滩一幢古老大楼开张第一家 Dolce & Gabbana 专卖店；店内设有一家酒吧，是市内第一家 "设计师酒吧"，重现了米兰的 Martini Dolce & Gabbana 酒吧概念，这是第一次将其概念向国外推广。

发行《Fashion Album》一书，向演绎了 Dolce & Gabbana 风格及为创造一个时代的形象做出贡献的伟大摄影师致敬，售书收益的一部分将捐献给 Child Priority（儿童优先）组织。

Dolce & Gabbana 为歌星 Kylie Minogue 特制三套服装，用于从悉尼开始的 "Showgirl Homecoming Tour" 巡回演唱会。

2007 年：1 月，2007 年夏季的 Dolce & Gabbana 的内衣新广告由马里亚诺 VIVANCO 拍摄，广告模特儿为足球运动员。

2 月，美国的 "W" 杂志二月号技术出版了 Dolce & Gabbana 专刊。

5 月，推出 Light Blue pour Homme, Dolce & Gabbana 的这款全新男士香水充分展现了地中海格调：醉人、性感、诱人。

7 月，2007 夏季欧洲巡回赛时，中国国家足球奥运队选择 Dolce & Gabbana 作为官方赞助商。 为运动员、技术人员和随队工作人员选择了 Martini 系列度身打造服装和一系列休闲服装。

9 月，男士鳄鱼皮个性化系列诞生，包括公事包、手袋、档按夹，内侧配有金属铭牌，标注拥有者的姓名，使产品更具独特性。

12 月，纽约 Madison Avenue 专卖店扩建并重新开张，设有女装和男装销售专区。 Dolce & Gabbana 推出 The One for Men 男士新香水（2008 年 3 月上市），以东方香调展现男士性感优雅。 随后在纽约 Gramercy Park Hotel 露台上举行了设计师私人晚宴，平面和电视广告（再次由 Jean-Baptiste Mondino 拍摄，于巴黎取景）主角 Matthew McConaughey 也出席了晚宴活动。

2008 年：1 月，位于米兰 Corso Venezia 路 15 号历史建筑中的男装专卖店完成扩建。 新区域专门用于陈列 Dolce & Gabbana Gym 系列和内衣系列。 Bar Martini 重新开张，入口位于 Corso Venezia 路 15 号，内庭采用可移动的特殊透明结构。 男士理发店的独立入口位于临近专卖店的 Corso Venezia 路 13 号，位于二楼，一楼则是香水店，销售 Dolce & Gabbana 的各款香水。

首本 Dolce & Gabbana 相片挂历，主角是身着 Dolce & Gabbana 内衣的英国迷人模特 David Gandy，由 Mariano Vivanco 操刀拍摄。

2 月，Dolce & Gabbana 同 AC 米兰签订新协议成为"金牌赞助商"，继续与这家代表米兰的足球俱乐部密切合作。

6 月，推出新书《Milano Beach Soccer》。 Dolce & Gabbana 加强了与体育界的联系，与意大利 2006 年和 2007 年赛季冠军——米兰沙滩足球队签订全新合作协议，为其制作官方球衣。

推出新书《The Good Shepherd》（好牧人），完美诠释了西西里岛——Domenico Dolce 的出生地，也是 Dolce & Gabbana 许多系列的灵感源泉。 男士时装周期间的鸡尾酒会上，Dolce & Gabbana 在位于米兰的男装专卖店中展出了其中一些相片。

9 月，推出女士香水 L'Eau The One，这是 Dolce & Gabbana The One 的澹香水版。

11 月，出版新书《Diamonds & Pearls》（钻石和珍珠）。 Domenico Dolce 和 Stefano Gabbana 选择施华洛世奇水晶、珍珠、金箔和宝石来妆点服装和配饰，穿着在三个真人大小的玩偶身上，象徵理想女性和永恒之美。 本书收益用以支持蝴蝶学校基金会"école sans frontiers"（无边界学校）。

12 月，为了庆祝意大利最重要的单车赛事——环意单车赛 100 周年，Dolce & Gabbana 为赛事设计红色领骑衫，成为赛事的标志服装。

2009 年：2 月，推出 The Make Up——Dolce & Gabbana 旗下首个化妆品系列，并赞助《Extreme Beauty in Vogue》（时尚绝色）相片展以示庆祝。

5 月，2009 年夏季 Dolce & Gabbana 内衣新广告的主角是意大利游泳国家队的 5 名队员，他们将代表意大利参加随后举行的游泳世锦赛（罗马，2009 年 7 月 17 日开幕）。

9 月，推出 Gold Edition——独一无二的太阳镜和眼镜系列，18K 镀金限量版，将典雅魅力格调与奢华讲究的材质相结合。

Dolce & Gabbana 为 Sony Ericsson 设计了 Jalou 手机特别版（法国市场名为 BeJoo）。 Jalou by Dolce & Gabbana 是一款限量版贝壳形粉红色独特手机，机身部分镀上 24K 金。 Jalou by Dolce & Gabbana 拥有特殊工具，采用原创包装，搭配独家配件——三个粉红色缎面手机套和一个带有 Dolce & Gabbana 标志的镀金耳机。

10 月，推出 Rose The One，这是一款全新女士香水，也是 Dolce & Gabbana The One 三部曲中的最后一款：充满女人味、热情洋溢、美丽动人，专为女性生活中

173

最私密的时刻而设计。

12 月，推出 2010 年春夏全新广告，由麦当娜担任主角，Dolce & Gabbana 希望展现女性的人性一面，透过日常动作体现女性魅力。

2010 年：3 月，推出以 2010 年世界杯为灵感的内衣系列，广告主角是意大利足球运动员的 5 个代表。

Dolce & Gabbana 和麦当娜推出 MDG：该系列太阳镜由这位女星亲自与设计师 Domenico Dolce 和 Stefano Gabbana 共同设计。Steven Klein 在纽约拍摄了产品广告，麦当娜就如好莱坞侦探电影中神秘性感的女主角，与之相伴的男主角则是超模 Tyson Ballou。

6 月，Dolce & Gabbana 出版名为《Nazionale Italiana. Africa 2010. Dolce & Gabbana》（意大利国家队：2010 年非洲：Dolce & Gabbana）的新书。

庆祝男装系列 20 周年纪念，在 Piazza della Scala 广场举行活动并在 Palazzo Marino 举办展览，以 Electa 出版的三本书为基点，庆祝 Dolce & Gabbana 男装 20 周年：《Dolce & Gabbana 男装 20 周年》、《Dolce & Gabbana 1990—2010 年标志》以及《Dolce & Gabbana 1990—2010 年时装展》。米兰市中心迎来了由 Domenico Dolce 和 Stefano Gabbana 组织的活动，与所有米兰人分享 Dolce & Gabbana 的历史并展示时装新见解。

7 月，Dolce & Gabbana 和车路士球会签订了三年协议，继续为这支世界知名足球队设计服装。并且在史丹福桥体育场的西看台搭建"Dolce & Gabbana 休息室"，并负责球会总部主要迎宾区的口置。

2011 年秋冬 Dolce & Gabbana 广告主角为麦当娜。

9 月，Dolce & Gabbana 为超模 Naomi Campbell（内奥米·坎贝尔）入行 25 周年纪念设计了一系列限量版的 T 恤。T 恤共有 14 个主题，仅在 Dolce & Gabbana 纽约、伦敦、米兰、巴黎、北京、香港和上海专卖店所举办的特别活动中销售。本系列的收益将拨捐由内奥米创办的 Fashion for Relief 慈善机构。

Dolce & Gabbana 和 Martini 推出 Martini Gold by Dolce & Gabbana：融汇 Domenico Dolce 和 Stefano Gabbana 的创意，以及 Martini 的工艺。其广告由 Jonas Åkerlund 执导，Monica Bellucci（莫妮卡·贝鲁奇）担任主角，Domenico Dolce 和 Stefano Gabbana 更客串其中。

Dolce & Gabbana 首家多品牌店铺——Dolce & Gabbana Spiga2 诞生。这不仅是一家店铺，更是时尚潮流交会冲击的场所。

10 月，成为意大利拳击队在 WSB 国际巡迴赛中的"冠名赞助商"，并为其创造"Dolce & Gabbana Milano Thunder"独家标志。

Dolce & Gabbana 宣布效力于巴塞罗纳的 2009 年 FIFA 足球先生——Leo Messi（里奥·梅西）将在所有正式场合穿着 Dolce & Gabbana 服装。

11 月，参加 2010 年 11 月 25 日至 2011 年 6 月 26 日于巴黎著名装饰博物馆举办的"当代时尚理想史第二期"展览，展现意大利时尚、创意和工艺传统。

2011 年：1 月，Dolce & Gabbana 为 Kylie Minogue 独家创作了一系列"Les Folies Tour 巡迴演唱会"演出服装。

2 月，2011/2012 秋冬女士时装展期间，Metropol 多功能厅内设有 WI-FI 连接，每位嘉宾都能连入自订的网页，对正在进行的时装展动进行即时评价。 时装展上所有嘉宾以各种语言书写并收集的留言，将出现在 T 台边的大萤幕上，同时也将显示 Dolce & Gabbana 的 Facebook 和 Twitter 官方网页上观看秀场活动的用户所发送的留言。

3 月，两位设计师首次访问中国首都北京，在北京中央美术学院与学生、博客和记者见面。 见面会高潮是独一无二的现场"show"：两位艺术家随机选择了一名学生并于所有观众面前为其完成设计草图。

4 月，敞开位于 Via Broggi 路上的总部大门，在"Fuorisalone"推出 Open House Piuarch 的开放日活动。 Dolce & Gabbana 位于米兰 Via Broggi 路的米兰总部建于 2006 年，全玻璃制作的棱镜结构，呈现近乎虚无缥缈的感觉，就如一盏巨大的散射光灯笼，透过它可以看到品牌的服装。

17 | 品牌社区——消费者感知 NIKE 品牌的有效工具

品牌中文名称 耐克

品牌英文名称 NIKE

品牌概况

注册年份：1962 年

注 册 地：美国俄勒冈州

经营品类：鞋类、运动服饰、高性能装备和少量的塑料制品

　　　　　鞋类：慢跑、训练、篮球、足球、运动休闲、童鞋、网球、啦啦队、足球、高尔夫球、曲棍球、户外活动、滑板、网球、排球、散步、摔跤、和其他体育休闲鞋

　　　　　运动服饰：包括上述大多数类别的服饰、运动风格的休闲服、运动包和配饰

　　　　　高性能装备：包、袜子、球、眼镜、钟表、电子设备、球拍、手套、护具、高尔夫俱乐部和其它为体育活动设计的器材

经营市场：五大洲 53 个国家和地区

　　　　　欧洲（26）：奥地利、比利时、丹麦、芬兰、法国、德国、希腊、爱尔兰、以色列、意大利、荷兰、挪威、西班牙、瑞典、瑞士、英国、葡萄牙、俄罗斯、捷克、斯洛伐克、斯洛文尼亚、克罗地亚、波兰、匈牙利、塞浦路斯

　　　　　美洲（8）：阿根廷、巴西、加拿大、墨西哥、美国、智利、乌拉圭、百慕大

　　　　　亚洲（15）：中国、菲律宾、中国台湾、泰国、日本、韩国、马来西亚、印度、新加坡、印度尼西亚、越南、斯里兰卡、黎巴嫩、阿联酋、土耳其

　　　　　大洋洲（2）：澳大利亚、新西兰

　　　　　非洲（1）：南非

经营规模：美国境内　18 个销售办公室

　　　　　　　　　　4 个高尔夫产品独立销售代表

　　　　　　　　　　5 个滑板和滑雪板产品独立销售代表

　　　　　　　　　　在线商店 www.nikestore.com

　　　　　　　　　　178 家零售店（含工厂店、耐克商店、耐克城、员工店）

　　　　　美国境外　16 个配货中心

　　　　　　　　　　309 家直营店

　　　　　　　　　　超过 2 万家零售店

经营业绩：2010 年 208.62 亿美元的销售业绩，2009 年 190.14 亿美元的销售业绩，2008 年 191.76 亿美元的销售业绩

上市与否：1990 年 10 月在美国纽约纳斯达克上市，市值约 495.3 亿美元（2012 年 3 月）

品牌官网：http://www.nike.com

市场评价：NIKE 不仅是全球著名的头号体育用品品牌，更是广泛影响人们运动理念和健康生活方式的品牌，而穿着 NIKE 产品也成了身份和地位的象征。

NIKE 创始人之一 Phil Knight

NIKE 创始人之一 Bill Bowerman

位于美国俄勒冈的耐克总部（泰格伍兹中心）

位于美国俄勒冈的耐克总部（介绍创始人的走廊）

2003 年 NIKE 与新浪联合推出
中国高中男子篮球联赛 CHBL

2007 年"同城约战足球月"

案例诉求

NIKE 品牌在取得了经营的巨大成功之后，以品牌社区为营销工具，使新生代的消费群体体验、感知品牌价值，保持消费者的品牌忠诚度。

营销问题

NIKE 的使命——成为世界上最好的运动和体适能品牌。 不断创新革新的产品，不断关注细节，情感的联系，成为 NIKE 品牌完成使命的三大法宝。 在新生代消费群体成为品牌主要消费群体的 21 世纪，传统的线下品牌社区已经不足以应对新生代消费群体日渐增长的网上体验与消费的需求。

营销对策

以提升顾客感知价值为基础，有效地构建线上、线下互动的品牌社区，通过线上品牌社区构成的五大板块，成员实体、互动空间、认同空间、转换空间和社区规范，实现消费群体的感知价值，进而促进品牌价值的提升。

营销过程

1. NIKE 品牌社区的概况

NIKE 以比赛、俱乐部/社团、球迷集会的形式建立线下社区：

时间	线下社区名称	说明
2002.5	NIKE 蝎斗 3 对 3 足球赛	全国范围内举办
2002.7	"放客博士"来京支持青少年篮球事业	特邀"放客博士"NBA 巨星文斯·卡特来京，传播放客文化
2002.8	"街头炫技篮球少年"	NIKE 赞助美国自由篮球文化来中国切磋球技
2002.8	"我梦想"大型青少年体育系列活动	首创中国 3 对 3 篮球赛、NIKE 高中男子篮球联赛、NIKE 青少年足球超级杯赛、4 对 4 青少年足球公开赛等活动
2010	NIKE "放肆跑" 10K 跑步活动	全国 9 大城市展开
2010.7	科比中国行	包括北京、长春、杭州、广州、成都
2010.12.26	京城圣战	北京赛区决赛精彩纷呈
2011.2.19	红蓝沪战	在上海复旦体育馆展开

NIKE 线上品牌社区分为官方社区和非官方社区，官方社区是品牌自主经营的社区，如以论坛形式建立的 Nike Plus，以博客形式建立的 NIKE 足球劲区，以微博形式建立的 NIKE 篮球攻会，以人人网 SNS 主页形式建立的 Nikesportswear；非官方社区是 NIKE 爱好者自建管理的社区，例如耐克粉丝论坛 http：//www.nikefans.com/。线上品牌社区的构建使线上线下互动成为可能。NIKE 线上品牌社区主要有：

序号	线上社区名称	网址
1	新浪竞技风暴	http：//sports. sina. com. cn/
2	新浪体育频道—新浪视频	http：//video. sina. com. cn/sports/
3	新浪赛事报道	http：//2004. sina. com. cn/zt/liuxiang_tf/
4	NIKE 体育魔方	http：//www. mofang. cc
5	我为鞋狂	http：//club. sports. sina. com. cn/
6	Nike plus	http：//forums. nike. com/
7	Nike Sportswear	http：//page. renren. com/nikespotswear
8	Nike 篮球攻会	http：//page. renren. com/600009306
9	Nike 姐妹淘	http：//page. renren. com/600599897
10	Nike 足球劲区	http：//user. qzone. qq. com/706290225/
11	Nike 6.0 品牌空间	http：//user. qzone. qq. com/706290218/
12	Nike 训练日记	http：//706290090. qzone. qq. com/
13	耐克篮球	http：//t. sina. cn/nikebasketball
14	Nike Sportswear	http：//t. sina. com. cn/nikesportswear
15	Nike Football	http：//weibo. com/nikefootball
16	Nike 广州	http：//weibo. com/nikegz
17	Nike 6	http：//weibo. com/nike6
18	耐克·中国互动社区	http：//www. nikefans. com/
19	耐克爱好者交流论坛	http：//www. 28nike. cn/
20	Nike 百度贴吧	http：//tieba. baidu. com/f?　kw＝nike
21	Nike 海报网专区	http：//www. haibao. cn/brand/1086/

NIKE 与新浪的合作，开创了运动品牌与门户网站联手创建社区的先河，致力于线上、线下的情感营销，包括 2003 年开办的 CHBL 中国高中男子篮球联赛，2007 年 7 月的同城约战足球等等，都是 NIKE 致力于沟通的情感营销策略。

NIKE 线上品牌社区的建立，是为了更好地将 NIKE 的文化、理念传递给对线上体验有需求的消费者，进而关注或参与到线下品牌社区，实现 NIKE 品牌社区线下、线上的互动。

2. 构建成员实体

在构建成员实体方面，NIKE 培育核心成员并以核心成员影响、带动其他成员。Nike Girls Team 是一个年轻女性组成的团体，这些女性来自洛杉矶、纽约、东京、上海和伦敦，她们由 NIKE 挑选出来帮助 Nike Women 未来业务的发展。在上海，由 NIKE 与 W＋K（Wieden＋Kennedy）合作创建，共挑选出 20 名来自上海 12 所高校的大学女生参与。 这 20 名女生年龄段主要集中在 18～22 岁，热爱运动，涉及的体育项目包括舞蹈、篮球、田径、羽毛球、网球，均是校内社团的主力或队长。 这些核心成员每周在 NGT 社区上回答由社区创建者发起的讨论、投票和调查，并参与线下举办的活动，包括聚餐、体验新产品、产品发布会、影片首映式等等。 NIKE 鼓励这 20 位核心成员带着同学朋友参与到线上线下的活动中，并鼓励将活动的图片、视频、心得体会发布到各大社区网站。 为了培养核心成员，保持 NGT 的连贯性，市场部对团队建设投入了大量的人力和物力，保证社区参与者和创建者的联络及活动的创新性，使得社区活动人数的平均出席率达到 90% 以上。

3. 携手门户网站共建品牌社区

NIKE 在 2002 年末 2003 年初即选择与新浪合作建立新浪耐克体育社区，在一些大型的活动中，借助新浪基数巨大的网民与 NIKE 强大的品牌文化，产生了 1+1>2 的良好宣传效果。 在 2006—2007 年的 CHBL（中国高中男子篮球联赛）联赛中，参赛选手的选拔突破性地跨越了包括香港特别行政区在内的 19 个省市，仅男子组比赛就有 146 支球队和 1 752 名参赛球员参加。 参赛省市和参赛队伍数量突破历史之最。 CHBL 已成为全国高中生年龄层最权威、最接近职业联赛水准的篮球联赛。 如此的成绩，正是品牌与门户网站携手建立品牌社区发挥巨大效益的最好体现。

4. 构建互动空间

在构建互动空间方面，利用合理的方式，增加娱乐元素，传递品牌信息、品牌理念。 借鉴 NIKE 线下品牌社区的成功，NIKE 一直致力于将全国青少年的运动推向高潮，因此，NIKE 线上社区中各类线上线下的活动信息层出不穷。 NIKE 总喜欢创新，做了很多首创的活动，其中最生动的一个例子是 2004—2005 年，新浪与 NIKE 合作推出的 CHBL 星联盟计划，这是第一个网络造星运动，也第一次把大众的目光从篮球比赛转移到了对球员的网络展示。 星联盟活动将所有选手的 Flash 按地区分类，同步更新投票总数，还特别制作了新春电子贺卡来丰富页面风格。 另外还为每位选手建立了个人档案，并且一一对应后援团，到活动截止，社区中共 188 位选手每位都建立了独立的个人数据库，真正做到了在每一处细节建设上都精益求精、人性化设计。 截至 2004 年 12 月 31 日，CHBL总投票数达 217 631；专题网站日均浏览量 500 000 以上。 如此骄人的关注度，可见线上互动程度达到了一定的高度。

5. 构建认同空间

在构建认同空间方面，NIKE 的品牌形象、品牌理念通过社区活动赢得顾客的认同。 NIKE 当初建立线下品牌社区时，营销者的初衷就是搭建一个平台给所有热爱篮球的青少年，让他们通过这个平台切磋展示交流球技，以吸纳尽可能多的人加入社区。 建立线上品牌社区，同样是本着这样的诉求，旨在鼓励青少年的篮球、足球等运动。

2003 年，NIKE 与新浪联合推出中国高中男子篮球联赛 CHBL。 CHBL 联赛从首届的 16 个城市 128 支球队，逐渐发展到 2007 年包括香港特别行政区在内的 19 个省市，仅男子组比赛就有 146 支球队和 1 752 名参赛球员参加。 CHBL 成为全国高中男子篮球联赛的第一品牌。 CHBL 的影响不仅仅局限于全中国的篮球少年，因为，每年的联赛会邀请 NBA 巨星莅临颁奖，第二届 CHBL 总决赛，篮球运动传奇人物迈克尔·乔丹为 CHBL 总冠军和最有价值球员颁奖，引起了全世界的轰动；2005—2006 赛季，美国篮球巨星科比·布莱恩特也亲临赛场助阵，成为成千上万人关注的焦点，NIKE 品牌传播达到了空前的效果。

6. 线上、线下互动

"同城约战足球"将线上、线下的互动表现得淋漓尽致，让线上、线下的消费者完全领略到了 NIKE 不断创新的精神。

2007 年 7 月，NIKE 社区的"同城约战激情足球"成功举办。 在本次活动中，运用了线上报名、线下比赛的形式。 通过线上以及手机 WAP 招募，全国共招募到约 600 支球队。 为了增加活动的影响力，新浪体育首页进行了广告宣传，同时还发送了多达 40 万封针对年轻人的新浪定向邮件，使得整个活动在推广上获得了非常大的影响。

在活动的策划上，不仅有球艺比拼、模仿球星等精彩内容，还特别在场地中间安置了一个巨大的涂鸦板，为整个活动增加了无穷的乐趣和艺术。 另外，在活动的组织过程中，进行了巴萨、小罗、鲁尼、C 罗粉丝圈招募，经过线上招募，巴萨粉丝圈——"巴萨球迷部"共有 1 046 名圈友加入；小罗粉丝圈——"最爱小罗，最爱他闲庭信步"共有 302 名圈友加入；小小罗粉丝圈——"最爱小小罗"共有 1 297 名圈友加入。 同城约战从开始的线上招募到整个活动的策划别出心裁，充分激发了平民网友的参与热情。

7. 成员互动

除了社区活动的专题报道，NIKE 线上社区管理者会分享成员的留言并作出评论，引发更多成员的共鸣，让更多的线上消费者领略 NIKE "Just Do It！"的生活态度。 以下是摘自新浪微博 Basketball 的对话：

"有梦想就努力去实现，不需要在意别人的嘲笑和眼光！ 不论成败，你在那些嘲笑你的人面前都是赢家。 Just Do It！♯我的篮球人生♯来分享你的篮球经历吧。"

@敏仪 kobe24：♯我的篮球人生♯我是一个怀着篮球梦的女孩，以前总是会受到男孩异样的目光和排斥，为了证明女孩也能在这块土地立足，我从学会拍球到运球到投篮到上篮再到三分，然后勇敢地穿梭在男孩之间。 尽管没有实现心中的梦想，但我明白我选择喜欢的不仅仅是篮球，而是一种人生。 @nike basketball"

8. 构建转换空间

在构建转换空间方面，确保信息的准确性、即时性，并及时反馈信息。NIKE每个运动系列的负责人会和该运动系列负责产品、活动、整体品牌形象的部门共事。 篮球线上品牌社区的负责人与篮球系列的产品部、销售部、市场部一起工作，这样能保证部门间沟通的顺畅和效率的提升。

当线上社区成员被最新的革新产品、优惠信息吸引的时候，NIKE 顺水推舟，建立 Nike Store 链接，顺利地将线上交流转换为消费活动。

9. 构建社区规范

在构建社区规范方面，建立专门的"社区版规"或"论坛事务"，规范成员的权利和义务，体现出品牌的形象与个性。

营销结果

① NIKE 是最早创建线上品牌社区的品牌，其线上品牌社区建于 2003 年，李宁、安踏的线上品牌社区建于 2007 年，其他品牌均在 2009 年才开始建立线上品牌社区。从社区规模和互动程度来看，NIKE 亦遥遥领先，2011 年，NIKE 线上品牌社区的会员达到 670 多万人，遥遥领先于第二名 Adidas 的 219 万人；互动程度（回复数/主题数）达到 97.04，超过了第二名 Adidas 的 33.9。可见 NIKE 线上品牌社区的顾客感知价值的实现程度存在巨大优势。

② NIKE 品牌总裁 Charlie Denson 2011 年末接受《中国经营报》专访时间说，"自 2003 年起，开创了梦幻般的业绩增长，先是在 2007 年年底突破了 10 亿美元的年销售额，最近 4 年，销售额节节攀升，到 2011 财年销售额甚至超过了 20 亿美元。未来销售额将再次翻番。我们做得最好的事件之一是：我们持续专注于同中国消费者紧密联系在一起的工作，通过他们自己的眼睛告诉他们耐克的体育故事，以消费者自己喜欢的方式传播 NIKE 品牌，这非常有助于公司的销售增长，也让我们深感自豪。"可见，品牌社区的建设在密切消费者联系、实现销售额的飞跃上起到了至关重要的作用。

③ NIKE 品牌作为运动品牌的后起之秀，在美国本土及全球的市场份额都已超越创建更早的 Adidas、Reebok。1996 年正式进入中国市场后，NIKE 快速发展，在 2003 年市场份额超越本土运动品牌老大李宁，并将第一的业绩延续至今。

④ 2008 年耐克入选世界品牌价值实验室编制的《中国购买者满意度第一品牌》，排名第十四位。

⑤ NIKE 与新浪合作举办的一系列社区体育活动，不仅形成了线上、线下多方位号召的影响力，更是品牌与门户网站活动组织、策划能力的整合。新浪耐克体育社区已不仅仅是一个媒体平台，更是一个凝聚各方能量的核心营销力量。

理论依据

1. 品牌社区构成理论

网上品牌社区的构成版块为五个部分——成员实体、互动空间、认同空间、转换空间和社区规范。

（1）成员实体

成员实体是一个社区存在的前提，是社区资源的创造者和使用者，是社区关系的承担者。 与真实世界不同，网上品牌社区成员之间的角色分配基本不是强加的，而是在持续互动中逐渐形成的。 网上运动服装品牌社区的成员实体由社区经营者、核心成员、一般成员、外围成员构成。

（2）互动空间

互动空间保持着社区成员之间的社会交往，社区成员通过互动来整合和维系彼此之间的人际关系，保证了社区的延续性。 网上运动服装品牌社区的互动空间主要包括信息互动和娱乐互动。

（3）认同空间

认同空间是品牌社区共同价值观的体现，对社区成员具有导向、凝聚、约束和激励的作用。 在网上运动服装品牌社区中，认同空间主要体现在产品认同和品牌认同两个方面。

（4）转换空间

转换空间是网上品牌社区相对于传统品牌社区而言所呈现出的一个特有的构成板块，它主要是指沟通平台的转换和交易平台的转换。

（5）社区规范

社区规范是维持社区正常运作不可或缺的约束力量。 保证了社区成员的权利，明确了社区成员的义务，使得整个社区健康顺畅地持续发展。

2. 品牌价值实现理论

社区的顾客感知价值有助于品牌资产的提升，即社区对顾客的价值作用促进社区对品牌的价值作用实现。

① 社区的顾客感知价值：顾客参与社区而得到的信息价值、娱乐价值、财务价值、社交价值、形象价值。

② 品牌资产：通过品牌社区的建设，品牌的品牌知名度、品牌认知度、品牌联想度、品牌忠诚度都得到提升。

案例分析

① Nike Girls Team，挖掘和培养 20 位核心成员，注重线上、线下的互动，鼓励核心成员的朋友同学参与到线上线下的活动体验中。 这一模式完全遵照了 McAlexander"基于核心消费者的品牌社区模型"，即以核心消费者为中心，连接消费者与品牌、消费者与产品、消费者与营销者、消费者与消费者四对主体之间的关系。 并且，鼓励活动结束后将活动信息传递于各大社区，传递 NIKE 产品及活动的体验心得。 线上和线下的活动，融洽地联系在了一起，品牌的形象通过核心消费者主动在其社交圈中传播，这种传播比广告更有说服力也更可信更深入人心，消费者更易接受。

② NIKE 自 2002 起，在创建线下品牌社区时的诉求是：搭建一个给所有热爱篮球的青少年切磋展示交流的平台，吸引尽可能多的人加入，让他们更好、更开心地打球。 NIKE 建立线上品牌社区是这一初衷的延续，将 NIKE 理念的传递范围扩大至互联网，让更多的消费者了解 NIKE 品牌。 为此，管理层人员选择和青少年交流，倾听他们的想法，尽量满足他们的愿望。 NIKE 不断利用线上线下互动，举办了各类青少年运动系列比赛、活动，给青少年搭建了运动交流的平台。 当这个平台搭建得足够好、足够吸引人的时候，消费者会自然而然地选择参加这个品牌所举办的比赛，继而认同这个品牌，选择这个品牌的产品。

③ 与 NIKE"不断创新革新的产品"的理念一致的是，NIKE 线上线下品牌社区的建设同样本着创新的原则。 线上社区的"第一个网络造星运动"，聚集了篮球爱好者的目光，不断吸引到篮球造星活动中来。 线上线下互动活动的策划也是推陈出新，NIKE 社区的"同城约战激情足球"更是史无前例的运用了创意性明星效应，进行了线上招募巴萨、小罗、鲁尼、C 罗粉丝圈，粉丝之间还进行了 PK，充分激发了平民网友参与社区活动的热情。 活动不仅使得 NIKE 品牌深深地铭刻在消费者心中，同时也将品牌社区的概念深深贯穿于整个营销活动，将新浪耐克体育社区的成员进一步稳固。

④ 新浪一直致力于平民参与的活动，而且取得了非常好的成绩。 例如，北京网友马拉松赛、3—3 篮球挑战赛等等，都为广大受众津津乐道。 这一系列社区体育活动的成功举办，使新浪强大的媒体影响力远远超越了网络之上。 这

种影响力不仅包括线上、线下多方位的号召，更是品牌与门户网站活动组织、策划能力的整合。NIKE 借助"巨人的肩膀"，利用新浪强大的影响力，迅速聚集起消费者的目光，线上线下的完美互动活动，以及结合明星效应的营销手段，成功创建了新浪耐克体育社区，并且使其成为凝聚各方能量的核心营销力量。NIKE 在这一系列的活动营销中取得的营销价值，就是品牌社区整合能力的最好佐证。

分析结果

① 互联网的发展，必然带来以网络为平台，聚集消费者的网上品牌社区的发展，特别是以具有网购习惯的青少年为主体消费者的运动服装品牌。

② 网上品牌社区的构建要致力于以核心消费者为中心，连接消费者与品牌、消费者与产品、消费者与营销者、消费者与消费者四对主体之间的关系。

③ 倾听消费者诉求、建立线上线下互动平台、创新活动策划、借助强大门户网站，是成功构建网上品牌社区的强有力保障。

案例思考

线上品牌社区与线下品牌社区的关系以及各自的优势？

思考题

1. 如果 NIKE 像很多传统型品牌一样，不注重线上线下品牌社区的建设，或是在 2009 年之后才开展线上品牌社区，消费者或潜在消费者的数量是否会大打折扣？

2. NIKE 成功利用线上品牌社区的营销手段，不断扩大其影响力，其成功的经验是什么？

3. 在构建线上品牌社区的营销策略中，核心内容是什么？

阅读参考

品牌简介

① NIKE 始于两个有远见的俄勒冈人的握手——Bill Bowerman（比尔·鲍尔曼）和他的俄勒冈大学跑步选手 Phil Knight（菲尔·奈特）。他们和他们聘请的员工们带着不断创新的精神，壮大了公司，使 NIKE 从一个美国本土球鞋渠道商成为了世界上数一数二的运动鞋、服装和设备的全球品牌营销商。

② 1970 年当 Bill Bowerman 把液体橡胶混合倒入华夫饼铁具中造出鞋底，改变了运动鞋的设计开始，NIKE 就不断研发创新产品，气垫运动鞋、可视气垫鞋、全能鞋等等，不断拓宽产品品类。

③ NIKE 秉承 "Local for Local"（在哪里，为哪里）的观念，不仅将先进技术引入中国，而且全心致力于本地人才、生产技术、销售观念的培养，并不断关注关系营销，支持各类全国范围内的青少年体育赛事，开展了 NIKE 蝎斗 3 对 3 足球赛、"放客博士"青少年篮球赛、"街头炫技篮球少年""我梦想"青少年体育系列活动等。

④ 品牌社区的创新：自 2002 年 5 月开始，NIKE 就在全中国范围内开展青少年篮球、足球等一系列比赛；2002 年末，NIKE 与新浪宣布战略合作，共同打造互联网第一体育社区；2005 年，NIKE 社区第一个把足球鞋专卖作为重要资讯范围；第一次以女性消费者为目标创建女性板块；第一次把鞋与摄影艺术结合起来举办摄影大赛；第一次用新浪 UC 实现三地视频直播（LBJ 亚洲之旅）；2004 年，NIKE 成功举办"第一个网络造星运动"；2007 年，"同城约战激情足球"，特别在场地中间安置了一个巨大的涂鸦板，并在线上进行了巴萨、小罗、鲁尼、C 罗粉丝圈招募活动，所存的"第一"是 NIKE 品牌社区追求创新理念的完美表现。

品牌历史

1962 年：Phil Knight 的斯坦福大学商科论文认为，德国在美国运动鞋产业的主导地位将被日本产品取代，日本产品的价格低、性能好、经销强。在获得 MBA 学位之后，Phil Knight 开始环球旅行，在日本停留期间，他联系运动鞋生产商 Onitsuka Tiger（鬼冢虎）公司，并说服其给予 Phil Knight 虎牌鞋的美国西部经销权。Phil Knight 当即为他的经销公司命名，创建"蓝带运动"（Blue Ribbon Sports），NIKE 公司的前身。

1964 年：Phil Knight 第一批海运来的虎牌鞋样品在 1 月抵达美国。1 月 25 日，Phil Knight 和 Bill Bowerman 握手成立新公司，每人投资 500 美元。4 月第一批海运来的 300 双虎牌跑步鞋在三周内售罄。

Phil Knight 在一家会计公司工作，业余时间他分销运动鞋，运动鞋从他父亲的地下室装到他汽车的后备箱，再运到田径赛场。

有别于其他公司的传统市场营销活动，NIKE 直接将产品销给消费者和运动员。Phil Knight 给数 10 家西北高中和径赛项目发出了邮件，告诉他们蓝带运动和虎牌鞋子。

1965 年：Jeff Johnson（杰夫·强生），Phil Knight 在斯坦福径赛中的对手成为蓝带的第一个全职员工。Bill Bowerman 为新运动鞋制作原型，并将未来鞋的概念提供给虎牌鞋。

1966 年：Jeff Johnson 在加州 Santa Monica（圣莫尼卡）开了第一家蓝带公司的奥特莱斯零售店。 4 月 26 日，Phil Knight 和 Bill Bowerman 把他们 1964 的握手协议变成了一份正式的书面合作。

1967 年：Phil Knight 和 Bill Bowerman 在 12 月 26 日合并了 BRS 公司，作为一个俄勒冈公司，继承了他们的合作关系，所谓的蓝带运动。 BRS 公司（以蓝带运动的名义做生意）是从日本进口的鬼冢虎牌运动鞋的唯一市场经销商、渠道商和销售商。 这个鞋基于 Bill Bowerman 的楔形泡沫脚踵垫设计。

1968 年：第一家蓝带运动西部零售店在俄勒冈的尤金开业。 Bill Bowerman 的运动鞋，最早被称作 "Mexico"，后来被称作 "Aztec"，被重新命名为 "Cortez"，很快成为最畅销的鞋子。

1969 年：Phil Knight 辞去了在波特兰州立大学的工商管理学副教授，把他的所有时间都给了公司。

1970 年：Bill Bowerman 开始试验橡胶钉鞋，把液体橡胶混合倒入他妻子的华夫饼模具中造出鞋底，从此改变了运动鞋的设计。

1971 年：以 35 美元的费用，Carolyn Davidson（卡洛琳·戴维森）设计了 "钩" 商标，她是 Phil Knight 在波特兰州立大学遇见的一个图像设计专业的学生。

Jeff Johnson，NIKE 公司的第一名员工，为这个公司作出了他最持久的贡献。 当睡觉的时候，他梦见 NIKE，希腊的胜利女神——赐予蓝带运动第一双运动鞋名字。 一个英式足球防滑钉叫做 "这个 NIKE"，来强调了 "钩" 标志。 "NIKE" 这个名字赢过了 Phil Knight 给新鞋的名字 "六维"。

无法拿到当地银行的贷款使 Phil Knight 感到挫败，Phil Knight 找到了一个新的、有创意的、筹集资金的方法。 通过东京银行，一个叫做日商岩井株式会社的贸易公司为 BRS 提供进口信用证书，并为其未来的快速发展打下基础。

1972 年：一个渠道纷争导致了 BRS 和鬼冢虎的诉讼以及贸易关系的最终破裂。

BRS 在 2 月芝加哥举办的国家运动产品展上初次展示了 NIKE 的运动鞋系列，零售商们部分基于他们对蓝带运动的信任同意支持这个新系列。

BRS 揭幕 NIKE 以 Bill Bowerman 的华夫鞋底为特色的 "月亮鞋"，为 6 月 Eugene Trials（尤金运动赛）运动员比赛所用。 Carolyn Davidson 设计的印有一个低位 "NIKE" 手写商标的 T 恤，引发了很多疑问。 "谁是麦克？" 马拉松选手 Jeff Galloway（杰夫·卡罗维）是第一个穿上 NIKE 鞋子跨过比赛终点线的运动员。

1973 年：热门的罗马尼亚网球明星 Ilie Nastase（伊莉·纳斯达斯）成为第一个和蓝带运动签约的职业运动员。

美国记录保持者 Steve Prefontaine（史蒂夫·普雷方丹）成为第一个穿着 NIKE 球鞋的主力径赛运动员。 他使很多他的竞争者皈依到这个年轻的品牌。 NIKE 第一个健身产品被 Prefontaine 推动并且恰当地被命名为普雷－蒙特利尔。

1974 年：华夫跑鞋发行，突出了 Bill Bowerman 著名的华夫底的特征。 它很快成为美国最畅销的训练鞋。

1975 年：Steve Prefontaine 5 月 30 日死于俄勒冈州尤金的一场车祸。 他死的时候，保持

189

着美国 2 000 到 10 000 米的全部七项美国长跑纪录。 这是一项史无前例的壮举。 他的去世对 NIKE 和整个跑步领域影响重大。

1976 年：在尤金田径赛，NIKE 鞋第一次随处可见，被中、长距离项目的年轻新星们所穿着。 这个尤金当地的比赛标志着这个公司在促销活动上无限潜力的未来。

1977 年：BRS 为大学前的精英径赛运动员开设了第一家美国田径训练俱乐部，叫做"运动西部"。

"没有终点线"，描述真实的竞争激情，NIKE 的内在精神，这就是 NIKE 的广告语，这个广告然后成为 NIKE 的第一张海报。

1978 年：5 月 30 日，蓝带运动正式改名为 NIKE 公司。 网球名将 John McEnroe（约翰·马克安诺）签约该公司。 NIKE 通过 McEnroe 鲜明的特色、活跃的个性来识别自身。

NIKE 的第一代童鞋面世。

1977 加入 NIKE 的航空工程师 Frank Rudy（弗兰克·卢迪），带着帮助 NIKE 改善的想法，创造了第一个空气鞋垫部件：耐用的袋子中填满加压的空气，使其受到撞击后压缩然后反弹回来。 这个结果就是 NIKE 气垫，史上最伟大的鞋垫发明。

1979 年：在夏威夷，1978 年 11 月 30 日火奴鲁鲁马拉松的限量发售后，NIKE 的"顺风"系列——拥有高科技专利的气垫鞋系列，在 1979 年初发售第一双 NIKE 气垫跑鞋。 NIKE 的爱塞特研究和设计实验室在 3 月 1 日创作了第一个使用电脑自助设计的鞋底模具。

1980 年：爱塞特设计研发中心，7 月在新汉普郡开业，它是位于 NIKE 世界总部俄勒冈的 NIKE 运动研究实验室的前身。 研发中心以生物医学实验为特色，能进行"世界上最复杂的生物科学鞋测试"。

第一个穿 NIKE 鞋获奖的运动员是英国跑步选手 Steve Ovett（史蒂夫·奥维特）在 800 米比赛中，Ovett 以 1 分 45.4 秒的成绩荣获奥运金牌，第一次 NIKE 鞋在光辉之下拥抱了最高领奖台。

NIKE 完成 237.7 万股 B 类普通股的原始发行。 开始和中华人民共和国谈判关于在中国生产 NIKE 鞋的问题。

1981 年：3 月提供中国国家男、女篮球队球鞋和服装，以此开始在中国的推广。 NIKE 的子公司 BRS 公司在 12 月 31 日并入 NIKE 公司。 第一个 NIKE 欧洲总部在荷兰阿姆斯特丹开始经营。

1982 年：6 月 14 日在田纳西州 Memphis（孟菲斯）市开了鞋类分销中心。

4 月 1 日，Dan Wieden（丹·威登）和 Dave Kennedy（戴夫·肯尼迪）建立自己的公司——Wieden + Kennedy。 当他们与 Phil Knight 在爱达荷州太阳谷的 NIKE 销售会议上相遇时，Phil Knight 对 Wieden 的第一句话是："我是 Phil Knight，我讨厌广告。"NIKE 和 Wieden + Kennedy 的第一个全国电视广告在 10 月 24 日美国广播电台播放纽约马拉松赛时首次播放。

耐克 1 号气垫篮球鞋发行，这是第一双运用了耐克气垫技术的耐克篮球鞋。

1983 年：Joan Benoit（琼·比诺伊）穿着 NIKE 鞋打破了女子世界马拉松记录，4 个月后，23 名耐克资助的运动员在芬兰赫尔辛基世界田径锦标赛开幕典礼上获得金牌。

这项赛事使国际奥委会改变了对女子长跑能力的看法。 随后，Joan Benoit 于 1984 年在洛杉矶奥运会获得金牌。

1984 年：洛杉矶奥运会，58 名耐克资助的来自全球的运动员带回家 65 枚奖牌。

1985 年：第一双 Air Jordan（飞人乔丹）篮球鞋在 3 月初次发售，支持芝加哥公牛队的新手 Michael Jordan（麦克·乔丹）。 第一次，男子四强都来自 NIKE 的合作大学——维拉诺瓦、乔治城、孟菲斯州立和圣约翰大学。

1986 年：销售总收入高达十亿美元。 NIKE 初次推出两个新的服装系列——一个以 John McEnroe 为主的网球系列，另一个以 Michael Jordan 为主的篮球系列。

1987 年：受到 NIKE 的刺激，混合训练作为健身改革的自然演变而产生，并由气垫运动鞋领先，满足场地训练和有氧运动的缓冲需求。

MAX 气垫鞋，由颇有争议的"改革"广告运动推出，使运动员们首次注意到 NIKE 的气垫系列。 NIKE 经理特许甲壳虫乐队的当红歌曲与广告同名，引发空前热潮。 它至今仍是唯一一次甲壳虫乐队的歌在广告中运用。

1988 年：Just Do It 被广告时代选为 20 世纪最著名的两条标语之一，兼顾了普遍性与个性，它被放置在史密森国家博物馆——真正是美国历史的一部分。

NIKE 收购了 Cole Haan（可汗）打开了新的局面，Cole Haan 制作男女鞋、饰品和外套，注重工艺、设计创新和个性。

1990 年：NIKE 世界总部在波特兰的西部，靠近俄勒冈的比弗顿开幕。 这个园区有 76 英亩，提供 57 万平方英尺激动人心的工作区域，7 栋大楼分别用 1 名著名运动员的名字命名。

第一座 NIKE 城在俄勒冈的波特兰开业。 这个商店创造了纯运动零售场所，带有 23 095 平方英尺的运动员获奖设计。

1991 年：Machael Jordan 带领芝加哥公牛队获得他们第一个 NBA 冠军。 同时，导演 Spilk Lee（斯派克·李）带来了他的电影人物 Mars Blackmon（马斯·布莱克蒙）出现在一系列突出乔丹的 NIKE 广告中。 广告大获成功，诸如"它将成为鞋子。"

1992 年：每位在巴塞罗纳奥运会获奖的美国田径队员都穿着 NIKE 服装。 NIKE 将持续这么做直到下一个世纪，这是耐克和运动大会的独家协议。

1993 年：NIKE 引进一个创造性的可持续性项目。 "重新使用一双鞋"收集运动员的鞋子，分类，然后磨碎它们混合成耐克研磨体，用于制造球场、跑道和运动场。

NIKE 并购 Sports Specialties Corporation（专业运动公司），它是世界上最大的队徽头饰销售商和代理商。 后来专业运动公司把它的名字改成 NIKE 团队运动公司，最终成为 NIKE 公司的一个分支。

1995 年：NIKE 并购了 Canstar Sports Inc.（堪实达运动公司）包括 Bauer（鲍尔），进入冰球竞技场，发行它的第一块滑板——Air Eccel Elite。

1996 年：NIKE 和巴西国家足球队签约，在 NIKE 国际足球事业中奠定了爆炸性发展的一步。

1996 年 11 月，纽约 NIKETOWN 开张，8.5 万平方英尺的空间具有创作性的零售设计和运动传承。

径赛明星 Michael Johnson's（麦克·强生）的著名金钉鞋重量 5.1 盎司，帮助他获得 200 米和 400 米的金牌。 Carl Lewis（卡尔·刘易斯）、Gail Devers（盖尔·德弗斯），还有其他 NIKE 合作运动员在亚特兰大获得了金牌。

在 8 月成为职业选手后，Tiger Woods（泰格·伍兹）和 NIKE 高尔夫服装和球鞋签了合同。 NIKE 在他名下开发了一系列高尔夫服装和鞋类。 第二年的 4 月，他以一个出乎意料的 12 杆赢得他的第一个大师赛，成为奥古斯塔最年轻的冠军，正式开始他的高尔夫生涯。

1997 年：NIKE 设计师设计出第一块 NIKE 运动手表，Nike Triax 被世界体育舞蹈协会称为"十年之作"。

1998 年：Phil Knight 正式地为 NIKE 制造商设定了严格的标准，包括：最低年龄、空气质量；强制教育项目；小额贷款项目的扩张；工厂管理和提高 NIKE 公司责任实践的透明度。

鲍尔耐克冰球成立。 原来的 Canstar 品牌被合并到 Bauer 品牌名下。

1999 年：Lance Armstrong（兰斯·阿姆斯特朗）获得第一个环法自行车赛的七连冠。 这个 NIKE 运动员和癌症存活者在 7 月 25 日巴黎成为世界头条，也成为运动史上最令人震惊的回顾。

NIKE 欧洲总部，一个艺术综合设施在荷兰希维森开幕。 这个设施为环保建筑设立了新标准。

12 月，悉尼组织者联系到 NIKE 去赞助澳大利亚队。 NIKE 在 8 个月内设计、开发和生产超过 12.2 万件服装。 正常情况下的服装设计到运输的时间要 18 个月。 NIKE 保证了每一支队伍有最好的比赛装备。

NIKE 的合伙人 Bill Bowerman 从 NIKE 董事长的位子上退下来。 Phil Knight 为纪念 Bill Bowerman 建立了 Bill Bowerman 径赛修复项目，用来修复田径设备。 12 月 24 日 Bill Bowerman 辞世，享年 88 岁。

2000 年：Nike Air Presto，被称为"脚上的 T 恤"发行。 这是轻量型跑鞋在合体、舒适和型号上的的革命，有 6 个型号（XXS、XS、S、M、L、XL）和许多不同的颜色。

在 TAIGE WOODS 以精准性赢得高尔夫巡回赛之后，NIKE 高尔夫销量激增。 NIKE 在 1998 年引进高尔夫球。

在 16 年断断续续的研发后，NIKE 揭开了一项彻底不同的鞋垫技术——耐克减震。 使用赛车引擎底座的材料，设计师可以为新一代的跑步者提供稳定、弹力、类似柱形的支撑。

悉尼给 NIKE 一个很好的机会，将高性能的创新产品介绍给世界，包括最轻型的径赛钉鞋、空气动力学和体温调节的速滑服、可回收的马拉松单衣。

2001 年：被称作跑遍美国的接力赛于 10 月 11 日在俄勒冈州的阿斯托里亚开始，途经 44 个消防局，最后在 11 月底抵达纽约市。 265 名员工跑了七周的接力赛为受害者家庭募捐。

2002 年：速滑者穿着 NIKE 连体速滑服创造了 8 个世界纪录，获得了盐湖城的金牌。 NIKE 叫"移动"的广告被授予艾美奖。

NIKE 重建 90 个波特兰公园和休闲户外篮球场来庆祝它的 40 周年。

NikeGO 推行全国社区项目来增加美国年轻人的运动活动。

全国的足球迷参加了"秘密锦标赛"活动，NIKE 第一个真正的全球性整合品牌活动。 这个推广活动的特征是世界精英足球运动员在海边的"秘密锦标赛"活动，进行三对三比赛。 NIKE 在世界范围内赞助了三对三锦标赛很多年，在整合网站上有数百万参与者。

NIKE 高尔夫引进第一个零售俱乐部，确立了 NIKE 高尔夫在高尔夫鞋类、服装和器材中的重要角色。 之后，耐克高尔夫创建了更多俱乐部，如 2003 年的"Slingshot irons"和 2005 年的 SasQuatch。

NIKE 收购赫尔利国际有限公司，加州科斯塔梅萨的一个冲浪、滑板和滑雪服装品牌。 Bob Hurley（鲍伯·赫尔利）还是这个公司的总裁。

2003 年：NIKE 历史上，海外销售额首次超过美国销售额，这标志着它持续进化成真正的国际化公司。

2004 年：刚开始是一个为 Lance Armstrong 募资的基金会，Lance 希望它有 50 万。 但是 NIKE 设计的生命力手环成为一种文化现象，为 Lance Armstrong 基金会募到数千万美元，支持这个帮助患有癌症的青年人"坚强地活着"。

2005 年：NIKE 最新的科技进展从赤脚得到灵感。 Nike Free 上市，提供给跑步者一双模仿赤脚跑步来加强腿力的鞋子。

NIKE 基金会重新投入和倡导 2 个联合国发展目标：减少贫穷和性别平等。

2006 年：1 月 23 日 Mark Parker（马克·帕克）继承 William Perez（威廉·皮尔斯）成为 NIKE 的董事长和 CEO。 Perez 从 2004 年 12 月末开始这个工作，他 1979 年第一次加入 NIKE，并被认为有眼力的耐克空气加盟商。 Charlie Denson（查理·托森）成为 NIKE 品牌的董事长，成为 Parker 的合伙人。

MAX360 气垫鞋被称为最具魔力和令人信服的表现，它强调使用新的方法做的气垫鞋系列的无泡沫的中层鞋垫叫做真空成型，可以使消费者像在空气上——耐克空气上跑步。

运动的动作遇上数码科技世界，当 NIKE 和 Apple 团队合作推出 Nike＋。 得益于一个在传统跑鞋里的小的传感器，Nike＋ 是以音乐、生物反馈和数据收集为基础的跑鞋。

2007 年：8 月，NIKE 在北京、上海开设了旗舰零售店，将赞助中国国家队 28 支队伍中的 22 支队伍在北京比赛。

NIKE 把 Starter 品牌卖给 Iconix 品牌集团。 这个官方的 Starter 置业有限公司，Starter 品牌的独有者和许可者。 Starter 团队和 Asphalt 品牌，是在 2004 年被耐克收购的。

2008 年：NIKE 发行 AIR JORDAN XX3 庆祝 23 年来的奇迹，AIR JORDAN 始终是优秀运动员最经典的篮球鞋。 AIR JORDAN XX3 是 NIKE 历史上第一双顶级表现力的篮球鞋，体现了 NIKE 深思熟虑的设计特性。

耐克收购 Umbro（茵宝），一个领先的基于英国的全球足球品牌。 Umbro 有 70 年的历史和传承，帮助 NIKE 扩大在足球领域的国际领导力。

改变世界的办法是什么？ 一个女孩。 NIKE 基金会和 NOVO 基金会的 Peter（彼得）和 Jennifer Buffett（珍妮弗·巴菲特）合作，给"女孩效应"全力支持，这是一个教育和赋予贫困国家的女孩权力的运动。

Bill Bowerman 会很骄傲。 在 2008 年奥运会上，NIKE 发行了它最富有创造力和最轻的鞋。 Flywire 是个革命性的新科技，采用高压穿针，像缆绳在吊桥上支撑一样，恰恰脚需要它。 Flywire 和 Lunarlite 技术已经减少了鞋子 18% 的重量。

耐克下一个阶段以一个扩展的、重新设计的 NIKE 自助网站——+ www. nikeid. com 来实施个性化定制，从运动服、NIKE 专用服装到耐克 6.0、NIKE＋，消费者可以定制几乎所有的 NIKE 产品。 这个网站由 NIKE 自主完善。 在北京、上海、纽约、伦敦、利物浦、巴黎和大阪的 NIKE 工作室致力于配置店内设备，消费者通过这些设备和 NIKE 设计顾问合作，把他们的设计推向下一阶段。

2009 年：NIKE 推出专业战斗，一个革命性的基础层，为橄榄球、篮球、足球、长曲棍球和棒球的运动员提供内在更轻、更强、更透气的专业运动保护。

NIKE 开了第一家创新零售空间，NIKE（Hurley、Nike，Converse）的动作运动产品可以在同一屋檐下被找到。"225 森林特征"在于一个完整的夹层，用于产品的个性化定制，赋予消费者创造他们自己的产品的权利，还有获得来自艺术家和设计专家的建议。

NIKE 和 RED 合作人一起邀请消费者通过购买 NIKE 红蕾丝来参加"绑蕾丝，拯救生命"。 100% 的获利被全球抗艾滋、肺结核和瘴气的基金会平分，提供艾滋患者药物来资助艾滋项目。

真正的创新，NIKE 创建了一个新的项目，为精英足球队员提供新发行的 CTR360 足球靴。 拥有靴子的球员才被允许参加 NIKE 足球提供的专业训练项目，并被允许接触世界顶级教练和足球运动员。 有了 CTR360 消费者可以开启精英足球训练和一年的更新。

Phil Knight 和 Bill Bowerman 以第 54 和 55 名进入全美大学足球基金会的名人堂，并收到全美大学足球基金会的金牌。 这个尊贵的奖项曾授予 7 名美国总统。

18 | ecco——社会责任与企业利益的完美结合

ecco

品牌中文名称 爱步
品牌英文名称 ecco

品牌概况

注册年份：1963 年

注 册 地：丹麦

经营品类：鞋类（占总营业收入的 92%）、皮革、服饰

经营市场：在欧洲、美洲、亚洲、大洋洲、非洲和中东的 94 个国家和地区设有专卖店。
最大的单一出口市场是美国，其次为德国、日本、荷兰、俄罗斯、瑞典及英
国，目前正积极拓展亚洲市场，如中国，提高市场份额
电子商务覆盖美国、荷兰、英国、丹麦、瑞典等国家，涉及约 400 种产品

经营规模：到 2011 年 11 月 4 日止，ecco 共有 1 000 家门店、2 600 余家店中店和电
子商务网点。许多独立的零售店也销售 ecco 鞋，ecco 品牌遍布全球 94 个
国家

经营业绩：2010 年营业收入达 61 亿丹麦克朗，比上年增长 21%。税前利润达 6.31 亿丹
麦克朗，比上年增长 37%

上市与否：否

品牌官网：http://www.ecco.com

市场评价：ecco 作为具有经典北欧风情的丹麦皇室指定用鞋，是世界第三大休闲鞋品
牌，第四大高尔夫鞋品牌，旗下的制革厂还是全世界第五大原皮加工厂。

195

ecco 创始人 Karl Toosbuy

ecco 位于美国明尼苏达州的第 1 000 家门店

196

ecco 2011/2012 秋冬广告

2011 "Walk IN Style 行走风尚" 春夏发布会

女士 CHASE 系列系带式运动皮鞋

健步 B 系列休闲运动鞋

ecco 步行马拉松的宣传海报

案例诉求

企业社会责任和企业利益完美结合

ecco 成功地把握住本企业的生产和产品特点，在履行社会责任的同时，实现企业利益最大化。

营销问题

ecco 鞋业控制着包括鞣革厂、制鞋厂、销售分公司、零售店在内的从生皮到成品鞋的整个价值链，其工厂遍及丹麦、葡萄牙、印度尼西亚、斯洛伐克、泰国、中国等世界各地。 在环保呼声日益高涨、企业社会责任成为热门话题的今天，制鞋业由于其特定工艺在制作过程中不可避免地使用对环境有影响的化学物质而备受关注，那么，ecco 鞋业如何应对全球社会对环境保护、企业社会责任的关注？ 如何在消费者心目中建立良好的企业形象？

营销对策

通过尽量减少并重新利用鞣革和制鞋过程中产生的废料，把对环境的影响减少到最小程度。 在消费者与公司员工中积极倡导健康的生活方式，并与社会公益活动结合起来，展现负责任的企业形象。

营销过程

1. 巧用生物燃料

从动物身上取皮时，会黏连着带下一部分肉。 这部分肉包括 15％的脂肪、30％的蛋白质和 55％的污水，可能占到生皮总重量的 20％，却是制革过程中不需要的废料，还需占用企业资源来处置它。 ecco 鞋业鞣革部门的研发中心为此专门开发出一种新技术，妥善解决了这种废料的处置问题。 他们在印度尼西亚的鞣革厂建了一个"生物燃料"车间，在这个车间里，脂肪从动物蛋白和污水中被分离出来，经纯化后就可作为生物燃料，用于特别改装过的锅炉，为鞣革过程提供热水。

这样，生物燃料取代了柴油，也因此避免了燃烧柴油产生的大量二氧化碳，积极响应了由于气候变暖而引发的"减少使用化石燃料"的呼吁。 不仅如此，实施这项技术还使垃圾填埋量减少了一半。

现在，为了进一步探讨重新利用蛋白质的可能性，ecco 鞋业还与德国的高校进行科研合作，试图将它们转化为生物塑料。 ecco 的另一个设想是，将它们用作混合肥料。 无论最后采用哪一种方法，都可以大大减少垃圾填埋量。

2. "行走，是种乐趣"

步行马拉松（Walkathon）的创意来自 ecco 的创始人 Karl Toosbuy，他想，步行者应该像跑步者一样拥有自己的马拉松，ecco 的"步行马拉松"应运而生。 如今，它已成为一个分布全球的人道主义活动，让人们靠行走来爱心募款。 同时也培养人们健康向上的生活态度，倡导积极活跃的生活方式。 步行马拉松传播着"行走，是种乐趣"的品牌理念：既是个人健身的乐趣，又是帮助他人的乐趣。

"步行马拉松"自 1999 年在丹麦首都哥本哈根首次举行以来，已在世界各地主要城市举办，包括丹麦的奥尔胡斯，挪威的奥斯陆，瑞典的斯德哥尔摩、荷兰的阿姆斯特丹、德国的柏林，波兰的华沙，美国的旧金山和日本的京都、札幌、横滨、东京等。

2010 年共有 48 000 多名选手在丹麦、德国和波兰参加了 7 项 ecco 步行马拉松比赛，共为慈善项目募集善款 40 万欧元。 其中 9 月 11 日在波兰华沙举行的是有史以来规模最大的步行马拉松，参与者近 20 000 人，包括很多波兰的名人，募得善款近 18 万欧元。

2011 ecco 步行马拉松系列赛于 4 月 11 日在丹麦小镇豪森斯拉开帷幕，此次比赛持续了一周的时间，参赛的 1 450 位选手募集到本年度第一笔善款 6 000 欧元。

3. 马拉松中国站

ecco 厦门公司创建了爱步厦门马拉松俱乐部，鼓励员工积极参加健身活动，并设立 ecco 爱心基金会。 ecco 员工每跑一公里，ecco 厦门公司就向该爱心基金会捐款 10 元人民币。 为使全体员工都能参与慈善跑步活动，规定马拉松比赛日为带薪休息日。

2010 年度，共有 664 位 ecco 厦门公司的员工参加了第 9 届厦门马拉松，他们穿着爱步厦门提供的特殊爱步队服与队帽，或选择半程马拉松或全程马拉松，共完成了组合距离 6 871 公里。 沿途还有很多来自 ecco 厦门公司的员工充当拉拉队员，举着爱步旗，营造出一种真实的大家庭氛围。

营销结果

① 2006 年的最后 3 个月里，每个月有 8 000 升柴油被生物燃料取代。 这意味着每个月的二氧化碳排放量减少了 22 吨。 其次在废料处理中，ecco 将"生物燃料"技术向社会推广，逐渐为自己开辟了一个新的收入来源。

② ecco 将步行马拉松的筹款用于多个公益项目，其中之一是联合国儿童基金会为孟加拉国的童工们专门设立的"学校计划"。 该计划为孟加拉国最贫穷的孩子们，特别是为了维持家庭生计不得不被迫工作的女孩们建立学校，提供受教育的机会。

2010 年，ecco 向 SOS 儿童村、世界自然基金会（WWF）和丹麦、波兰以及德国的多个卫生项目捐款近 40 万欧元。

自 1999 年到 2010 年底，步行马拉松赛选手用他们的双脚共募集善款 330 万欧元，ecco 把这笔善款捐给了欧洲、非洲和亚洲的多项慈善事业。

③ 2010 年，ECCO 厦门公司设立的 ECCO 爱心基金会共募集到资金 68 710

元。ECCO 将该资金捐给了中国福建同安同心慈善会（OHC），为儿童提供教育援助。

④ 2011 年初，ECCO 总资产达 46.5 亿丹麦克朗，拥有超过 17 500 名员工，并以每周新开 3 家门店的速度在全球范围内稳步扩张。人们可以在世界上的任何角落，从北美的阿拉斯加到南亚岛国印度尼西亚，买到适合的 ecco 鞋。世界各地的人们都喜爱重量轻、柔韧性好、根据人体解剖学设计的 ecco 产品，也喜爱 ecco 公司健康向上、负责任的企业形象。

理论依据

1. 企业社会责任（Corporate Social Responsibility，简称 CSR）的概念

① 企业社会责任是指企业在提高本身利润的同时，在保护和增加社会福利方面承担的责任。

② 企业的社会责任是企业除经济责任、法律责任之外的第三种责任，它是企业在社会领域内对自身行为后果的回应义务。

2. 企业社会责任的内涵

企业在创造利润、对股东利益负责的同时，还要承担对员工、对消费者、对社区和环境的社会责任，包括遵守商业道德、保证生产安全、保护劳动者的合法权益、保护环境、支持慈善事业、捐助社会公益、保护弱势群体等。企业的社会责任要求企业必须超越把利润作为唯一目标的传统理念，强调要在生产过程中关注人的价值，强调对消费者、对环境、对社会的贡献。

案例分析

ecco 在承担对员工、社区、环境等的企业责任时尽量从企业自身特点出发，在承担责任的同时兼顾企业利益。

1. 环境

能源消耗和废料处理是鞣革制鞋业的两大软肋，ecco 设法将废料转化为能源来加以利用，用生物燃料取代了柴油，不但减少了碳排放，还使垃圾填埋量

减少了一半，对环境保护做出了贡献。更重要的是，此举降低了企业的生产成本，并开辟了新的收入来源。

2. 社区

有别于专业运动鞋在跑、跳等激烈运动项目上的出色表现，ecco 鞋的特点是柔软、轻盈，特别适合长途步行。"步行马拉松"巧妙地利用了 ecco 是制鞋商，且主打产品是休闲鞋这一特点，既在社区人群中倡导了健康的生活方式，又宣传了产品，还募得善款支持当地慈善事业，一举三得。

3. 员工

组织员工参加马拉松比赛以及赛前长达几个月的集体锻炼，大大提高了公司的凝聚力，促进了同事间的团结友爱，激励了团队精神；员工的身体素质有了改善，提高了工作效率；比赛募集到的资金还为贫困儿童的教育提供了援助，又是一个一举三得。

分析结果

如果 ecco 只是简单地以向某慈善机构捐款的方式来承担社会责任，它将不会有象今天这样的成就。单纯地掏钱会增加企业的成本，而且显得不够真诚，容易给人留下做秀的印象。只有怀着对周遭环境和社会弱势群体的真切关怀，通过真正开动脑筋，找到能使社会责任与企业利益兼顾的方法，才能既造福社会，又使企业的品牌形象生动丰满，实现企业与社会的可持续发展。

这里的关键点是将企业追求利润最大化和承担社会责任、树立良好形象这两大任务统一起来，将社会责任转化为企业的竞争力，而不是成为企业的累赘。

案例思考

中国是全球最大的鞋业生产国和出口国，但是在国外，中国鞋之所以受青睐多数是与其廉价相关联的。随着中国经济发展、劳动力成本的上升，世界制鞋业重心出现了向劳动力成本更低廉国家转移的趋势。我国制鞋企业应清楚地认识到依靠单一成本优势的脆弱性，善于将社会责任转化为促进企业发展的动力，打造产品品牌，树立企业形象。

思考题

1. 如何将企业承担的社会责任升华为企业的核心价值观？
2. 如何将社会责任转化为产品或服务的卖点？

阅读参考

品牌简介

作为全球领先的丹麦鞋履品牌，ecco 品牌在体现纯正北欧风格的同时，以柔软、舒适、结实和适脚等品质特点为消费者带来愉悦的行走体验。

1. 拥有主要供应链

为保证原材料的供应和质量，ecco 在荷兰、泰国、印度尼西亚和中国拥有自己的制革厂，每年生产 4 500 万平方英尺的蓝湿皮和 2 780 万平方英尺的皮革。ecco 集团 85% 的皮革原料由自己的制革厂提供。此外，ecco 制革厂还是奢侈品牌 LV 的供应商之一。

2. 精心制作每双鞋

在使用小牛皮、公牛皮和牦牛皮等精细原料制鞋的过程中，每双鞋至少经过了 100 双手，以使它达到日后最佳的穿着状态。首先，精心挑选每一种皮革，进行手工剪裁。鞋面上所有部分都是通过手工缝纫在一起，而脚尖和后跟部位则是由员工借助冷热机器加以定型。

制作原料十分考究，选用独特的 PU（聚氨酯）材料制作鞋底，这种材料集柔软性、耐磨性、韧性、防滑、重量轻等特点于一身。ecco 还选用高科技产品 Gore-Tex 面料制作鞋的内衬，使 ecco 鞋透气、防水。

大部分鞋有减震器装置（Anti-Shock Point），可以将每一次脚部落地时地面对足跟部位的冲击力全部吸收，从而有效地保护膝关节、髋关节、颈关节以及大脑。

3. Walk IN Style 行走风尚

ecco 每年都会在世界各大城市举办名为"Walk IN Style 行走风尚"的产品发布会。近年来，"ecco Walk IN Style"一直是丹麦哥本哈根时装周的开幕大戏，而在中国，支持本土设计师已成为其传统。发布会洋溢着浓郁纯正的北欧风情，传达出一种不断超越自我的风尚态度。演艺明星董洁、袁泉都曾亮相"Walk IN Style 行走风尚"的 T 台。

品牌历史

1963 年：公司创始人 Karl Toosbuy 在位于丹麦西海岸的布莱德布小镇上开始生产品牌名为 Venus 的女士时装鞋。

1969 年：由于 Venus 品牌名的使用权在德国引起争议，Karl Toosbuy 决定将公司名改为 ecco，ecco 品牌由此诞生。

1978 年：ecco 的第一款畅销鞋 ecco Joke 面世，因其轻便、舒适性深受消费者欢迎，成为 ecco 的经典款。

1985 年：第 1 家 ecco 门店在丹麦欧登塞市开业。

1986 年：ecco 开始自己生产皮革。

1990 年：在美国设立销售分公司，美国逐渐被打造为最大的单一出口市场。

1991 年：ecco 成为丹麦皇室指定供应商。在印度尼西亚设立制革厂，其后又设立了制鞋厂。如今的 ecco 印尼公司已成为 ecco 最大的生产基地，拥有 5 500 多名员工。

1993 年：在泰国设立制革厂和制鞋厂，以满足 ecco 鞋迅速增长的市场需求。

1994 年：ecco 赢得美国"年度杰出公司"荣誉称号。

1996 年：被美国足病医学协会（APMA）评为脚膝不适者推荐的鞋类品牌。在加拿大设立销售分公司。全球首家旗舰店在英国伦敦牛津街开业，此后，在全球的全资零售店数量稳步增加。

1997 年：ecco 进入中国市场。

1999 年：在斯洛伐克建厂，使得 ecco 对欧洲市场的供货时间大大缩短，提高了供应链的效率。

2002 年：ecco 亚太总部在中国香港成立，致力于拓展亚太市场。今天，ecco 鞋在亚太地区 15 个国家的 600 多家店内有售。

2005 年：在中国厦门设立制鞋厂。

2008 年：在中国厦门设立制革厂。这是世界上最节能的制革厂之一，能源消耗量比普通制革厂低近 20%。

2009 年：和德国科研机构经多年合作开发研制的创新型跑步鞋 BIOM 面世，并大获成功。

2010 年：营业收入达 61 亿丹麦克朗，比上年增长 21%；税前利润达 6.31 亿丹麦克朗，比上年增长 37%。12 月 22 日，ecco 印尼公司荣获印尼国家妇女权益与儿童保护部颁发的"尊重女职工最佳雇主"奖；12 月 28 日，ecco 印尼公司在泗水市被东爪哇省省长 Sukarwo 先生授予"最佳女职工雇主"证书。两级政府都对 ecco 印尼公司在为员工创造尽可能优越工作环境方面所做出的努力给予了肯定。

2011 年：11 月 4 日，ecco 在全球范围内的第 1 000 家门店在美国明尼苏达州明尼阿波利斯市的 Mall of America 购物中心开业。Mall of America 是全球最大的购物中心之一，这里聚集了 4 家百货公司和 500 多家商店，年客流量达 4 000 万人次。

19 | 营销策略之快速反应——ZARA 快速时尚的背后

ZARA

品牌中文名称 飒拉
品牌英文名称 ZARA

品牌概况

注册年份：1975 年

注 册 地：西班牙

经营品类：女装、男装、童装、鞋靴、帽子、围巾

经营市场：截至 2012 年 1 月 31 日，在全球 77 个国家和地区经营

经营规模：截至 2012 年 1 月 31 日，ZARA 品牌拥有 2 140 家专卖店，其中 1 631 家 ZARA
专卖店，199 家 Zara Kids 专卖店和 310 家 Zara Home 专卖店

经营业绩：2010 年其全球的总销售额 125.27 亿欧元，纯利润 17.32 亿欧元

上市与否：母公司 Inditex 在 2004 年于纽交所上市

品牌官网：http：//www.ZARA.com

市场评价：一流的品牌，二流的产品，三流的价格。

ZARA 2012 春夏女装

ZARA 2012 春夏男装

ZARA 北京专卖店

ZARA 伦敦专卖店

Inditex 的首席执行官 Castellano

案例诉求

以品牌为核心的协同供应链。

营销问题

服装流行风格预测的准确度和时间成反比，一般提前期越长预测误差越大，最后结果往往是滞销的商品剩下一大堆，畅销的又补不上，只能眼看着大好的销售机会流逝。 Inditex 的首席执行官 Castellano 认为："在时装界，库存就像食品，会很快变质，我们所做的一切便是来减少反应时间。"因此，ZARA 要做的是保证产品以最快的时间完成从设计到展现在消费者面前。 那么 ZARA 品牌如何实现快速运作，以最快的速度向消费者推出符合需求的产品？

营销对策

打造以品牌为核心的协同供应链。 ZARA 的全程供应链可划分为四大阶段，即产品组织与设计、采购与生产、产品配送、销售和反馈，所有环节都围绕着目标客户运转，整个过程在不断滚动循环和优化。

营销过程

1. 产品组织与设计

产品组织与设计的提法不同于产品设计或产品开发，因为 ZARA 的开发模式基本是模仿，而不是一般服装品牌所强调的原创性设计或开发。 ZARA 认为经营服装不一定要自己来创新设计，就如麦肯锡所说不要试图"重新发明一个轮子"。 ZARA 通过直接整合市场上已有的众多资源，实现更准确地搜集时尚信息、更快速地开发出相应产品、节省产品导入时间、形成更多产品组合、大大降低产品开发风险的效果。 所以，ZARA 设计师的主要任务不是创造产品而是在艺术指导决策层的指导下重新组合现成产品，诠释而不是原创流行。

ZARA 是从顾客需求最近的地方出发并迅速对顾客的需求做出反应，始终迅速与时尚保持同步，而不是去预测 6~9 个月以后甚至更长时间的需求；产品组织与设计团队不单只是设计人员而是由设计人员、市场人员、采购和计划调度人员跨部门的成员构成，保证了信息快速传递、计划可执行与易执行；该团队不仅负责设计下季度的新产品款式，同时还不断改进当季产品；ZARA 没有设置首席设计师一职，整个设计的过程是开放的、非正式的，但在设计过程中沟通是非常的频繁。

2. 采购与生产

ZARA 的大部分服装生产安排在欧洲进行，且很多都是在西班牙总部周围一个很小的辐射范围内，而其他服装品牌如 Benetton、Gap、H&M、Nike 等基本上是采用"第一世界的服装在第三世界的工厂里生产"的模式，后者最大的优点就是成本低，但缺点也同样明显——速度慢。 ZARA 公司在西班牙拥有 22 家工厂，约 50% 的产品是通过自己的工厂来完成的，其他 50% 的产品由 400 余家外协供应商来完成，ZARA 的自有工厂拥有面料和小装饰品等辅料仓库，同时通过保持对染色和面料加工领域的控制，采用延迟制造的策略，提前买来白坯布，标准化的半成品，大大缩短了产品生产周期，使得 Inditex 具有按需生产的能力，能为新的服装款式提供所需的布料的能力。 ZARA 自己的工厂只安排生产下季预期销量的 15%，采购的面料中有 50% 的布料是未染色的，这样为当期畅销产品补货预留了大量产能。 ZARA 将衣服缝制交由外协工厂，通过与西班牙和葡萄牙的一些小加工厂签订生产加工合同来降低成本，正是这种垂直整合的模式，使得 ZARA 能够以比竞争对手快得多的速度（10～15 天）、小而多的批量进行生产。

3. 产品配送

在产品配送阶段，ZARA 更强调的是速度，甚至不惜代价地抢时间，因为失去时间的概念也就没有了时尚的概念。 ZARA 的配送中心在快速、高效地运作，实际上只是一个服装周转中心，其主要功能是周转而不是存储。 ZARA 的各专卖店基本上采用从配送中心直配的模式，ZARA 高频、快速、少量、多款的补货策略也保证了专卖店的出样丰富但库存少。

4. 销售与反馈

ZARA 专卖店每天把销售信息发回总部，并且根据当前库存和未来 2 周的销售预期每周向总部发两次补货订单。 总部拿到各专卖店的销售、库存和订单等信息后，分析判断各种产品是畅销还是滞销。 如果产品滞销则取消原定生产计划，因为在当季销售前只生产了预期销量的 15% 左右，而大多数服装企业已经生产下个季度出货量的 45%～60%。 这样 ZARA 就可以把预测风险控制在最低水平。 在一个销售季节结束后，ZARA 最多有不超过 18% 的服装不太符合消费者的需求口味，低于行业的平均水平（约 35%）；如果产品畅销，且总部有现存面料，则迅速通过高效的供应链体系追加生产、快速补货以抓住销售机会，如果没有面料则会停产。 一般畅销品最多也就补货两次，这一方面减少同质化产品的产生，满足市场时尚化、个性化的需求，另一方面制造一些人为的"断货"，即有些款式的衣服是不会有第二次进货的，顾客在现场就更可能做出购买的决定而不是犹豫着下次再买，因为他们知道，过了这村就没有这店，很可能再也买不到了。

营销结果

ZARA 的设计师设计数量为平均 3~4 款/周/人，260 人左右的团队一年 52 周可设计 40 000 多款服装；其中约 1/4~1/3 的款式投产，即投向市场的约有 12 000 款服装；平均每款有 5~6 种花色，5~7 种规格（避免一款几十甚至上百个规格与花色，形成不必要的库存），每年投产约有 30 万 SKU。 从设计理念到上架，ZARA 平均需要 10~15 天，库存周转每年达到 12 次左右。

理论依据

1. 营销组合 4R 理论

美国学者（DonE. Schultz）提出了以竞争者为核心的 4R 营销组合理论，具体包括与顾客建立关联（Relevance）、提高市场反应速度（Responsive）、关系营销（Relationship）和讲求回报（Recognition）四个要素。

4R 营销理论重视消费者的需求，但它更多地强调以竞争为导向，因为处于激烈竞争环境下，不仅要听取来自客户的声音，还要防备在旁的竞争对手，要求企业在不断成熟的市场环境和日趋激烈的行业竞争中，冷静地分析企业自身在竞争中的优、劣势并采取相应的策略。 企业通过实施供应链管理的营销模式，采用整合营销，快速响应市场，实现企业营销个性化和优势化，在竞争中求发展。

2. 供应链管理理论

从某种意义上讲，供应链管理本身就是以顾客为中心的"拉式"营销推动的结果，其出发点和落脚点，都是为顾客创造更多的价值，都是以市场需求的拉动为原动力。 顾客价值是供应链管理的核心，企业是根据顾客的需求来组织生产；以往供应链的起始动力来自制造环节，先生产物品，再推向市场，在消费者购买之前，是不会知道销售效果的。 在这种"推式系统"里，存货不足和销售不佳的风险同时存在。 现在，产品从设计开始，企业已经让顾客参与，以使产品能真正符合顾客的需求。 这种"拉式系统"的供应链是以顾客的需求为原动力的。

3. 需求驱动原理

供应链的形成、存在、重构，都是基于一定的市场需求而发生，并且在供应链的运作过程中，用户的需求是供应链中信息流、产品/服务流、资金流运作的驱动源。 在供应链管理模式下，供应链的运作是以订单驱动方式进行的，商品采购订单是在用户需求订单的驱动下产生的，然后商品采购订单驱动产品制造订单，产品制造订单又驱动原材料（零部件）采购订单，原材料（零部件）采购订单再驱动供应商。 这种逐级驱动的订单驱动模式，使供应链系统得以准时响应用户的需求，从而降低了库存成本，提高了物流的速度和库存周转率。

案例分析

ZARA 完全打破了传统服装品牌的运作模式惯例，探索出了一条完全不同的破坏式创新之路，即以品牌运作为核心的高效的协同供应链运作体系。

1）通过快速的产品组织与设计体系来复制时尚；

2）通过少量生产试销后根据销售情况把购买的白坯布再染色、生产、配送，实施延迟制造策略、并行工程策略、减少生产批量、部分外包策略等加速采购与生产过程，实现需求驱动；

3）通过高效默契配合的物流加速配送过程；

4）通过及时、准确的销售信息迅速反馈调整来驱动整个供应链各个环节的协同"快速"运作，从而大大减少了整个供应链上的牛鞭效应，并解决了服装业面临最大的两个问题：预测不准和高库存；

5）通过以消费者为中心，缩短前置时间，向供应链的各环节"挤压"时间并清除可能的瓶颈，减少或取消那些不能带来增值的环节，小批量、多品种以营造"稀缺"，跨部门沟通、协同快速响应满足市场需求，从而提升品牌价值和竞争力。

案例思考

从设计到销售 ZARA 平均只需 10～15 天，库存周转每年达到 12 次左右，每年推出 12 000 多种产品给顾客，国内服装品牌在这些指标上与 ZARA 的差距非常大，因此，中国的服装品牌该如何借鉴 ZARA 的经验并打造快速供应链？中国品牌和 ZARA 在品牌、产业及消费市场特征方面存在哪些影响协同供应链建立的因素？

思考题

1. 国内哪些服装品牌具有和 ZARA 类似的供应链模式？
2. 什么类型的服装品牌可以借鉴 ZARA 模式来建设协同供应链？
3. 是否有模仿 ZARA 供应链模式但是失败的服装品牌？ 失败的原因是什么？

阅读参考

品牌简介

1975 年创立的 ZARA 是西班牙 Inditex 集团旗下的一个服装公司，它既是服装品牌，也是专营 ZARA 品牌服装的连锁零售品牌。 Inditex 是全球销售额最大的服装商，在全球拥有 5 527 家专卖店，其中 ZARA 品牌拥有 2 140 家专卖店。

ZARA 深受全球时尚青年的喜爱，设计师品牌的优异设计，价格却更为低廉，简单来说就是让平民拥抱 High Fashion。 ZARA 品牌之道可以说是时尚服饰业界的一个另类，在传统的顶级服饰品牌和大众服饰中间独辟蹊径开创了快速时尚（Fast Fashion）模式。 随着快速时尚成为时尚服饰行业的一大主流业态，ZARA 品牌也倍受推崇，有人称之为"时装行业中的戴尔电脑"，也有人评价其为"时装行业的斯沃琪手表"。

在 2005 年，ZARA 在全球 100 个最有价值品牌中位列 77 名，哈佛商学院把 ZARA 品牌评定为欧洲最具研究价值的品牌，沃顿商学院将 ZARA 品牌视为研究未来制造业的典范。 ZARA 作为一家引领未来趋势的公司，俨然成为时尚服饰业界的标杆。

品牌历史

1975 年：学徒出身的阿曼西奥·奥尔特加在西班牙西北部的偏远市镇开设了一个叫 ZARA 的小服装店。

1976—1984 年：ZARA 在西班牙主要城市建立了专卖店，并获得了公众认可。

1988 年：ZARA 在葡萄牙波尔多建立了第一家西班牙之外的专卖店。

1989—1990 年：ZARA 开始向巴黎和纽约扩展。

1992—1994 年：ZARA 继续其海外扩展，包括墨西哥，希腊，瑞典和比利时。

1997 年：ZARA 进入挪威和以色列。

2001 年：母公司 Inditex 在纽交所上市，其海外扩展步伐加速。

2002 年：ZARA 在西班牙成立了第一个供应链分销中心。

2003 年：ZARA 的第二个分销中心成立。

2004 年：Inditex 在全球 56 个地区设立了销售网络，在香港开设了第 2 000 家专卖店。ZARA 全球营业收入 46 亿欧元，利润 4.4 亿欧元，获利率 9.7%，比美国第一大服饰连锁品牌 GAP 的 6.4% 还要出色。

2005 年：ZARA 在全球 100 个最有价值品牌中位列 77 名，并将 ARMANI 等时尚服饰界大牌甩在身后。

2006 年：ZARA 登陆中国。 ZARA 品牌价值排名已经仅次于 Adidas，达 42.35 亿美元

2011 年：ZARA 母公司 Inditex 酝酿收购佐丹奴，Inditex 集团积极拓展中国市场。

20 | 美特斯·邦威——不走寻常路

品牌中文名称 美特斯·邦威
品牌英文名称 Meters/Bonwe

品牌概况

注册年份：1993 年

注 册 地：中国

经营品类：服装、鞋帽

经营市场：中国，东南亚各国

经营规模：截至 2011 年末，Meters/bonwe 品牌拥有店铺 4 164 家，其中直营店铺 659 家；加盟店铺 3 505 家

经营业绩：2011 年实现营业收入 99.45 亿元，较上年增长 33%

上市与否：是，2008 年深圳 A 股上市

品牌官网：http://www.metersbonwe.com

市场评价：不走寻常路；中国"虚拟经营"模式的成功代表；被视为中国最接近 Zara 的服装公司。

上海南京东路旗舰店

董事长周成建

案例诉求

专注品牌经营——虚拟化经营模式

营销问题

内忧：对于年生产能力百亿件、产能严重过剩的全球第一服装大国中国来说，服装企业面临着更大的难题。 不少服装企业还是按照传统的方法，先将产品生产出来，再一级级地送到代理商、零售商手中。 这样做的结果是，要么是市场预测不准而导致库存积压，要么生产不足而导致缺货。

外患：ZARA 等欧洲时装杀手疯狂进攻中国。 ZARA 依靠其对流行时尚趋势的跟风能力，以及基于电子商务敏捷的供应链管理体系，一路攻城掠池。

在内忧外患之中，中国服装品牌该采用何种营销战略，才能迅速扩张占领市场，同时减少库存，降低经营风险。

营销对策

在服装行业价值链中，附加值高的部分主要集中在品牌与设计环节。 美特斯·邦威通过将核心业务确定为品牌与设计，在掌握核心环节的同时将服装生产业务进行外包，由其他厂家进行定牌生产；销售上通过代理商加盟拓展连锁专卖网络。 进而，美特斯·邦威变成了对协作群体起辐射作用的管理型企业。

营销过程

1. 专注核心业务

美特斯·邦威将有限的资源集中到品牌经营与设计等环节，打造强势品牌和实施设计制胜战略，并利用成熟的信息化管理手段保证整个协作系统的高效运行。

打造强势品牌：美特斯·邦威认为核心竞争优势应体现在品牌的知名度和

美誉度上。美特斯·邦威自创立开始，就一直不遗余力地推进品牌战略。针对目标顾客群年龄在 18～25 岁的特点，公司不惜重金先后聘请郭富城、周杰伦等担任品牌代言人，借助明星的魅力进行"攻心战"。为占领重点市场，公司在"中华第一街"上海南京路开起了近 9 000 平方米的旗舰店，堪称国内服装品牌专卖店之最。

实行设计制胜：设计是服装品牌的灵魂。美特斯·邦威于 1998 年在上海成立了设计中心，并与法国、意大利的知名设计师开展长期合作，把握流行趋势，形成了"设计师＋消费者"的独特设计理念。公司领导和设计人员每年都有 1～3 个月时间进行市场调查，每年两次召集各地代理商征求对产品开发的意见。在充分掌握市场信息的基础上每年开发新款约 1 000 个，其中 50% 正式投产上市。公司还利用广东中山等 5 家分公司的跟踪能力，不断调整产品结构组合，强化了品牌的整体形象。

2. 生产外包

产能过剩带来机会：我国是服装生产大国，年生产能力可达到近 100 亿件/套。在买方市场的冲击下，国内许多服装企业生产能力过剩。美特斯·邦威决定不再进行机器设备的投资，通过采用定牌生产的方式，将生产业务外包给实力雄厚的协作厂家，把握生产的主动权。当市场发生变化，消费者对产品和服务提出新的要求时，虚拟经营企业可以迅速吸纳新的协作企业，调整原有的协作伙伴。

3. 特许经营

服装品牌扩大销售网络时，会遇到资金实力不足的问题。美特斯·邦威通过采取特许经营策略开设连锁店，利用社会闲散资金进行销售网络扩张。美特斯·邦威通过契约的方式，将特许权授予加盟店。通过对销售网络的虚拟化，公司大大降低了销售成本和市场开拓成本，使其有更充裕的资源投入到产品设计和品牌经营中去。

美特斯·邦威为各加盟店提供强有力的支持。美特斯·邦威对所有加盟连锁店实行"复制式"管理，做到"五个统一"，即统一形象、统一价格、统一宣传、统一配送、统一服务标准。公司总部成立现代化的配送中心，加强物流管理的科学化、合理化，尽量减少专卖店库存风险。

4. 信息化管理

建立计算机信息网络管理系统，将所有专卖店纳入公司内部计算机网络，实现了包括新品信息发布系统、电子订货系统、销售时点系统的资讯网络的构建和正常运作。通过计算机网络，信息流通速度大大加快，使总部能及时发布新货信息，全国各地的专卖店可从电脑上查看实物照片，可快速完成订货业务；能随时查阅每个专卖店销售业绩，快速、全面、准确地掌握各种进、销、存数据，进行经营分析，及时做出促销、配货、调货的经营决策，对市场变化做出快速反应，使资源得到有效配置，提高市场竞争能力。

营销结果

美特斯·邦威冲破层层阻力一举成为中国内地最大的休闲服装品牌，截至2011年末在全国已设有 4 164 家品牌店铺，其中直营店铺 659 家，加盟店铺 3 505 家，加盟店占到总店铺数量的 84%，2011 年销售额达 99.45 亿元，创下了每两秒销售一件衣服的惊人速度。这不能不算是中国服装品牌的神话。正如它的广告词"不走寻常路"一样，美特斯邦威率先走出了一条"虚拟经营"的道路——把产品交给了劳动力成本更低，更利于运输与营销的服装企业制造，把产品销售交给了加盟美邦的各地经销商，自己则将全部精力用于设计产品和开拓市场。

理论依据

1. 虚拟经营相关理论

虚拟经营源自于"虚拟企业"的概念。1991 年美国学者肯尼斯·普瑞斯等提出了"虚拟企业"的概念，随后世界范围内掀起了一股虚拟化经营的浪潮。

一般认为，交易费用理论、价值链分析理论和供应链理论是现代企业虚拟化经营的理论基石。从交易费用经济学的角度看，由于受到"管理收益递减规律"的作用，企业的内部交易费用大于市场交易费用时，企业就应该重新选择通过市场来完成资源的配置。所以虚拟经营一方面满足这种要求，另一方面，由于有协议或联盟的存在，降低了交易成本。从企业价值链和供应链的角度考察，虚拟经营的精髓是将有限的资源集中在附加值高的功能上，而将附加值低的功能虚拟化。利用供应链的整合，实现战略联盟企业的"多赢"。

虚拟经营包括以下三种企业组织虚拟化的形式。

（1）业务外包

企业仅建立或保留关键的职能机构，集中力量开展属于自身强项的业务，而把非强项业务外包出去，让专业单位去经营，即将非关键的职能机构虚拟化，借用外力即社会优质资源来弥补、整合企业资源，降低经营成本，增强组织的应变力，争取市场竞争中的最大优势。

（2）特许连锁

拥有品牌、技术等优势的企业实行"强项扩散"，在保留自身全部经营业务的同时，和经过严格的选择与人员培训的其他企业订立特许经营合同，有偿地授予它们在一定期限、一定范围内和一定条件下使用该企业的品牌或技术开展经营活动的特权，从而使它们在业务上加盟连锁经营，成为该企业"虚拟营销网络"的成员（尽管它们可以继续保持原来的独立企业的地位）。输出品牌或技术的该企业无需投入大量物质、货币资本，无需承担被许可方经营失败的直接损失，既能凭知识产权取得可观的许可使用费收入，又能迅速扩大企业影响，参加连锁经营的单位越多、经营规模越大，企业的市场地位、市场价值就越高。

（3）战略联盟

若干企业（包括不同国家的企业）为实现一定时期内某一共同的战略目标，在平等、相互信任、建立战略伙伴关系的基础上，达成彼此交换关键资源、强项互补、共同开发产品和国内外市场的协议而形成的一个利益共享、风险共担的网络型企业联合体。

案例分析

对于服装企业，虚拟经营的价值突出体现在提高产品周转速度、改变资金分配结构，进而提升品牌设计能力，有利于企业掌握发展的核心动力。对于服装品牌来说，最关键的功能结构包括品牌、设计、生产、销售等环节，其中品牌与设计堪称核心竞争动力。脱离了设计创新无法实现，无法创造属于自己知识产权的产品，而没有品牌意识，不能满足消费者已经改变了的消费需求，在激烈的竞争中谋取一席之地也成为一句空话。服装品牌实行虚拟经营模式的目的正是在于剥离生产、销售等非核心部分，突出品牌与设计的核心地位，使品牌与设计回归原有的中心位置，集中核心竞争力将品牌打造成具有优势竞争力的强势品牌。所以，虚拟经营还原了品牌与设计的核心地位，也加速品牌创新与产品设计进步，同时提升品牌文化内涵与设计品质，与品牌核心竞争力相互促进。

案例思考

美特斯·邦威作为本土"快时尚"代表品牌，这些年的发展步伐确实走得很快，从开出第一家专卖店到卖出 1.6 亿件衣服，从身边的大招牌到好莱坞大片里的植入广告，美特斯·邦威的"纵身一跃"跨度不小。通过创新的虚拟经营模式，美特斯·邦威在"快时尚"的服装市场中实现了壮大，但是在与国外大品牌公开叫板的过程中，美特斯·邦威并不是顺风顺水，美特斯·邦威这家 ZARA 的"中国学徒"，并没有如愿"快"起来。原因就是，美特斯·邦威一直被巨大的库存压力困扰。据 2010 年财报显示，美邦的净资产约 32 亿元，而库存已超过 15 亿元。在服装行业里，这些衣服在仓库里每滞留一天都意味着贬值。因此，美特斯·邦威解决其面临的最大挑战，是其成为中国式 ZARA 前必须解决的一个问题。

思考题

1. 中国服装品牌开展虚拟经营已具备的内外部条件有哪些？
2. 虚拟经营模式会对服装品牌战略产生哪些影响？
3. 美特斯邦威库存问题产生的原因是什么？应该如何应对？

阅读参考

品牌简介

上海美特斯邦威服饰股份有限公司主要研发、采购和营销自主创立的"Meters/bonwe"和"ME&CITY"两大品牌时尚休闲服饰。

美特斯·邦威首家专卖店于 1995 年 4 月 22 日在温州开业。现经营规模位居中国市场的本土和国际休闲服品牌之首。国际化的设计团队每年向市场推出新款服饰 8 000 多款。

2008 年 8 月，美特斯邦威成功在深圳交易所上市，股票简称"美邦服饰"，股票代码为 002269。

在国内首创生产外包、直营销售和特许加盟相结合的运作模式。公司与以长三角和珠三角为中心的 300 多家生产供应商建立合作关系。

Meters/bonwe 品牌主要面向 16～25 岁活力和时尚的年轻人群，倡导青春活力和个性时尚的品牌形象，带给广大消费者富有活力个性时尚的休闲服饰，品牌精髓为：不走寻常路！

"ME&CITY"主要面向 22～35 岁漫游在各个城市的社会新人，职场新贵和城市中坚阶层，其拥有亚洲人体型数据库，剪裁完美贴合亚洲人体形，修饰出最佳身形、简洁时尚的产品，富有竞争力的价格，有品味但不失亲和力。

品牌历史

1993 年：注册了"邦威"商标；办理了浙江省温州美特斯制衣有限公司营业执照。美特斯邦威的雏形从此诞生。

创始人周成建突发奇想，耗料 160 余米，耗时一个月制作了衣长 4.64 米、胸围 5.4 米的巨型风雪衣，中央台《东方时空》栏目播出了 8 分钟，并被收入上海"大世界吉尼斯大全"。

1995 年：4 月 22 日，在浙江省温州解放剧院开设第一家邦威专卖店，实行品牌连锁专卖经营。这一天被正式定为美特斯·邦威的诞生之日，象征美特斯·邦威正式迈进服饰连锁专卖零售行业。

1996 年：开始采用生产外包、直营销售和特许加盟相结合的业务模式，生产上"借厂制造"，渠道上"借（加盟）店销售"。

2001 年：聘请香港"四大天王"之一的郭富城为品牌形象代言人，美特斯·邦威的品牌知名度迅猛提高。

2002 年：近 2 000 平米的美特斯·邦威首家品牌形象店在上海南京东路开业，形象代言人郭富城等参加开业庆典。

2003 年：公司正式聘请台湾歌手周杰伦为美特斯·邦威品牌新一任形象代言人。

2004 年：公司在杭州开设了近 5 000 平米中国当时最大的单品牌服装专卖店。

2005 年：公司正式举办"美特斯·邦威上海总部启用庆典仪式"，标志着公司以上海为总部的"二次创业"的正式开始。上海美特斯·邦威服饰博物馆同时正式开张。

2006 年：公司改革管理模式，使高层管理国际化，形成多元化管理团队。

2007 年：公司正式签约台湾两大歌手张韶涵和潘玮柏为校园系列的时尚顾问，而周杰伦为都市系列时尚顾问；

上海南京东路步行街上 9 000 多平方米面积的旗舰店开业，在其五楼开设美特斯·邦威服饰博物馆南京东路展区。

9 月，上海美特斯·邦威服饰有限公司整体变更为股份有限公司。

2008 年：8 月，美特斯·邦威在深圳交易所成功上市，同时 ME & CITY 新品牌发布会在深圳举行，公司从单品牌战略向多品牌战略转变。

9 月，雷迈服饰有限公司被美特斯·邦威收购，正式成为美特斯·邦威旗下品牌系列。

11 月，美特斯·邦威正式收购流行服装衣之纯品牌，主要销往海外日韩地区。

2009 年：中国主要女装外贸品牌"伊念"，与"美特斯·邦威"融资合作。

2010 年："美特斯·邦威"引进美国高 PIT 科技面料工艺技术，将做工艺术技术再提高一个级别。

2011 年：6 月，"美特斯·邦威"与"伊念"正式合并，伊念服装品牌主要销往东亚地区。

索引

序号	案例名称	品牌	品牌创立时间	营销热点	理论点
15	HANLOON TAILOR——高级定制品牌营销	HANLOON TAILOR	1997 年	文化营销	趋优消费、品牌定位、品牌联想
16	Dolce&Gabbana 服饰广告的"争议效应"	Dolce&Gabbana	1985 年	品牌传播	广告、注意力经济
17	品牌社区——消费者感知NIKE 品牌的有效工具	NIKE	1962 年	品牌传播	品牌社区构成、品牌社区价值
18	ecco 的完美结合——社会责任与企业利益	ecco	1963 年	社会责任	企业社会责任
19	营销策略之快速反应——ZARA 快速时尚的背后	ZARA	1975 年	供应链管理	营销组合 4R、供应链管理、需求驱动
20	美特斯邦威——不走寻常路	美特斯邦威	1993 年	虚拟经营	虚拟经营（业务外包、特许连锁、战略联盟）

参考文献

1. 杨以雄.服装市场营销［M］.上海：东华大学出版社.2010

2. 陈放.品牌学［M］.北京：时事出版社，2002

3. 王玉.一切皆有可能：本色李宁［M］.北京：中国发展出版社，2007

4. 李飞.定位案例［M］.北京：经济科学出版社，2008

5. 杰克·特劳特，史蒂夫·里夫金.重新定位［M］.谢伟山，苑爱冬，译，北京：机械工业出版社，2011

6. 曲云波.营销方法［M］.北京：企业管理出版社，2005

7. 迈克尔·波特.竞争战略［M］.北京：华夏出版社，2005

8. 曼昆.经济学原理［M］.北京：机械工业出版社，2003

9. 林崇德，杨治良，黄希庭.心理学大辞典［M］.上海：上海教育出版社，2006

10. 邓明新.情感营销［M］.北京：北京工业大学出版社，2008

11. 刘元风.时间与空间——亚洲知名服装品牌经典解读［M］.北京：中国纺织出版社，2011:59－66

12. 菲利普·科特勒.营销管理［M］.卢泰宏，译，北京：中国人民大学出版社，2009

13. 菲利普.科特勒.营销管理.12 版［M］，北京：清华大学出版社

14. 肖沙娜·朱伯夫，詹姆斯·马克斯明.支持型经济［M］.北京：中信出版社，2004

15. 许才国.高级定制服装概论［M］.上海：东华大学出版社，2009

16. 迈克尔·西尔弗斯坦.奢华正在流行［M］.高晓燕，译.北京：电子工业出版社，2005

17. 季学源，陈万丰.红帮服装史［M］.宁波：宁波出版社，2003

18. 黄晓鹏.企业社会责任：理论与中国实践［M］.北京：社会科学文献出版社，2010

19. 刘兆峰.企业社会责任与企业形象塑造［M］.北京：中国财政经济出版社，2009

20. 伊西科，李宁.向上的痛〔J〕.商务周刊，2011(2)：78－82

21. 陈少文.解读夏姿·陈〔J〕.理论探讨，2011，(6)：258－259

22. 刘嘉.中国服装创意50杰作品展示之⑦——夏姿·陈来自台湾的"华夏新姿"〔J〕.纺织服装周刊，2009，(2)：68－73

23. 唐娜.品牌重塑：李宁式尴尬〔J〕.市场观察，2011(3)：46－48

24. 冯薪薪.纵横·时/Satchi：The Leader of Men's Wear〔J〕.空中生活，2012(1)：76

25. 苏苏.魅力生活 典雅展放——沙驰男装副总经理兼营运总监吴海弘女士专访〔J〕.环球生活.2011(11)

26. 邓植.互联网快时尚品牌传播策略探析〔J〕.新闻知识，2011(10)：61－64

27. 刘晓玲.凡客诚品的网络营销〔J〕.国际公关，2009(5)：35－36

28. 刘瑶、张玉秀.依文：不仅仅是服装〔J〕.销售与市场（评论版），2010(8)：70－71

29. 石泉.依文：始终如一倾情文化营销〔J〕.北京服装纺织（时尚北京），2006(12)：76

30. 秦人百年（北京）广告有限公司.崇尚情感：依文男装的TVC广告创意策略〔J〕.广告人，2005(3)：50

31. 苗鸿冰.白领品牌的幸福感营销〔J〕.纺织服装周刊，2009(14)：70－73

32. 阿杜，董震宇.新概念成就新白领〔J〕.北京服装纺织（时尚北京），2008(9)：71－73

33. 白领时装：中国式的奢华〔J〕.经营者商业（管理版），2006(8)：46－47

34. 刘冬，美特斯邦威周成建：从虚拟经营到实体经营〔N〕.财经时报，2006－01－07

35. 彭子玄.基于顾客关系营销理论的虚拟品牌社区研究〔D〕.湖南：湖南师范大学，2009，40－66

36. 肖利华，韩永生，佟仁城.以品牌为核心的协同供应链——ZARA案例研究〔D〕.北京：中国科学院研究生院管理学院

37. 赵敏.论我国品牌服装的虚拟经营模式〔D〕.江苏：江苏大学，2004

参考网站

1）http：//www.shiatzychen.com
2）http：//www.victoriassecret.com
3）http：//www.mixmind.com.cn
4）http：//www.li-ning.com.cn
5）http：//www.e-lining.com
6）http：//www.tods.com
7）http：//www.topshop.com
8）http：//www.topman.coml
9）http：//www.satchi.com.cn
10）http：//www.taobao.com
11）http：//www.alibaba.com
12）http：//www.tmall.com
13）http：// www.etao.com
14）http：//www.vancl.com
15）http：//www.coach.com
16）http://china.coach.com
17）http：//www.imeigu.com
18）http：//www.etam.com.cn
19）http：//www.etam.com
20）http：//www.evefashion.com
21）http：//www.white-collar.com
22）http：//www.PRADA.com
23）http：//www.pradagroup.com
24）http：//www.hanloon.com
25）http：//www.henrypoole.com
26）http：//www.nike.com
27）http：//www.ecco.com
28）http：//www.ZARA.com
29）http：//www. Metersbonwe.com
30）http：//www.fashiontrenddigest.com
31）http：//www.neeu.com
32）http://baike.baidu.com
33）http://zhidao.baidu.com
34）http：//www.wikipedia.org